ORDONNANCES DU ROI

SUR LE MODE DE PROCÉDER

DEVANT

LES CONSEILS PRIVÉS DES COLONIES.

F

ORDONNANCES DU ROI

SUR LE MODE DE PROCÉDER

DEVANT

LES CONSEILS PRIVÉS DES COLONIES.

(31 AOÛT 1828 ET 26 FÉVRIER 1838.)

PARIS.

IMPRIMERIE IMPÉRIALE.

———

1858.

ORDONNANCE DU ROI

SUR LE MODE DE PROCÉDER

DEVANT

LES CONSEILS PRIVÉS DES COLONIES.

Au château des Tuileries, le 31 août 1828.

CHARLES, par la grâce de Dieu, Roi de France et de Navarre,

Vu notre ordonnance du 21 août 1825, constitutive du gouvernement de l'île de Bourbon; notre ordonnance du 9 février 1827, concernant le gouvernement de l'île de la Martinique et celui de l'île de la Guadeloupe et de ses dépendances, et notre ordonnance du 27 août 1828, constitutive du gouvernement de la Guyane française;

Voulant déterminer le mode de procéder devant les conseils privés de ces colonies, constitués soit en conseils du contentieux administratif, soit en commissions d'appel, et fixer le mode de recours contre les décisions de ces conseils;

Sur le rapport de notre ministre secrétaire d'État de la marine et des colonies,

Nous avons ordonné et ordonnons ce qui suit :

1.

TITRE PREMIER.

DU MODE DE PROCÉDER DEVANT LE CONSEIL PRIVÉ CONSTITUÉ EN CONSEIL DU CONTENTIEUX ADMINISTRATIF, ET DU RECOURS AU CONSEIL D'ÉTAT CONTRE SES DÉCISIONS.

CHAPITRE PREMIER.

DU MODE DE PROCÉDER DEVANT LE CONSEIL DU CONTENTIEUX ADMINISTRATIF.

SECTION PREMIÈRE.

DE L'INTRODUCTION DES INSTANCES.

ARTICLE PREMIER.

Les demandes des parties au conseil du contentieux administratif seront formées par requête adressée au gouverneur, et signées d'un avocat au conseil privé, sauf en ce qui concerne les demandes relatives à des concessions de prise d'eau et de saignée à faire aux rivières pour l'établissement des usines, l'irrigation des terres et tous autres usages, à l'égard desquelles on procédera ainsi qu'il est réglé par la section X du présent chapitre.

Cette requête contiendra l'exposé sommaire des faits et moyens, les conclusions, les noms et demeures des parties, l'énonciation des pièces dont on entend se servir et qui y seront jointes.

En cas de recours au conseil du contentieux administratif contre la décision d'une autorité qui y ressortit, une expédition ou la copie signifiée de cette décision sera toujours jointe à la requête, sinon ladite requête ne pourra être reçue.

En cas de conflit négatif, les deux décisions contradictoires seront jointes à la requête, sinon ladite requête ne pourra être reçue.

ART. 2.

Lorsque l'administration sera demanderesse, le contrôleur colonial introduira l'instance par un rapport adressé au gouverneur, et déposé au secrétariat du conseil avec les pièces à l'appui.

ART. 3.

Le recours au conseil du contentieux administratif contre une décision d'une autorité qui y ressortit ne sera pas recevable après les délais suivants :

Si la décision a été rendue à l'île de la Martinique, le délai pour se pourvoir au conseil privé sera :

1° Pour ceux demeurant à la Martinique, ou qui y ont élu domicile, d'un mois;

2° Pour ceux demeurant à la Guadeloupe ou dans ses dépendances, ou autres îles du vent, de deux mois;

3° Pour ceux demeurant dans les pays situés à l'ouest du cap de Bonne-Espérance et à l'est du cap Horn, de six mois;

4° Pour ceux demeurant dans les pays situés à l'est du cap de Bonne-Espérance et à l'ouest du cap Horn, d'un an.

Si la décision a été rendue à la Guadeloupe, le délai du recours sera :

1° Pour ceux demeurant à la Guadeloupe ou dans ses dépendances, ou qui ont élu domicile à la Guadeloupe, d'un mois;

2° Pour ceux demeurant à la Martinique ou aux autres îles du vent, de deux mois;

3° Pour ceux demeurant hors de ces deux colonies et de leurs dépendances, les délais seront les mêmes que ceux fixés par les n°ˢ 3 et 4 ci-dessus à l'égard de la Martinique.

Si la décision a été rendue à la Guyane française, le délai pour se pourvoir sera :

1° Pour ceux demeurant à la Guyane française, ou qui y ont élu domicile, d'un mois;

2° Pour ceux demeurant aux îles françaises du vent, de deux mois;

3° Pour ceux demeurant hors de ces îles et de leurs dépendances, les délais seront les mêmes que ceux fixés par les n°ˢ 3 et 4 ci-dessus à l'égard de la Martinique.

Si la décision a été rendue à l'île de Bourbon, les délais seront :

1° Pour ceux demeurant à l'île de Bourbon, ou qui y ont élu domicile, d'un mois;

2° Pour ceux demeurant à l'île Maurice et ses dépendances, ou à Madagascar, de deux mois;

3° Pour ceux demeurant dans les établissements français de l'Inde, de six mois;

4° Pour ceux demeurant dans les autres lieux situés à l'est du cap de Bonne-Espérance, de six mois;

5° Pour ceux demeurant en France et dans les pays situés à l'ouest du cap de Bonne-Espérance, d'un an.

Ces délais courront du jour de la notification à personne ou à domicile, ou au domicile élu, de la décision attaquée, pour ceux demeurant dans la colonie ou qui y auront élu domicile; et pour ceux demeurant hors de la colonie, du jour de la notification de ladite décision au parquet du procureur général, lequel visera l'original et enverra la copie au ministre de la marine, qui sera chargé de la transmettre aux parties assignées. Si la facilité des communications et la distance des lieux rendent la transmission par l'intermédiaire du gouverneur plus prompte, le procureur général lui adressera la copie.

Le délai d'un mois courra également contre le contrôleur colonial, à partir de la notification qui lui sera faite, par la partie, de la décision attaquée.

ART. 4.

Les notifications à la requête soit des parties privées, soit des agents du gouvernement chargés de la poursuite, seront faites par le ministère d'huissier.

Celles à la requête des chefs d'administration auront lieu par lettres signées d'eux.

ART. 5.

Ces notifications seront faites, savoir :

1° Celles aux parties privées, à leur personne ou à leur domicile, ou au domicile qu'elles seront tenues d'élire par leur demande primitive devant l'autorité administrative, auquel domicile élu seront également faites toutes autres significations jusqu'à constitution d'un avocat au conseil privé ;

2° Celles aux agents ou chefs d'administration, ou au contrôleur colonial, en leurs bureaux.

ART. 6.

Lorsque la notification sera faite par lettre d'avis, la remise en sera constatée, savoir :

1° Si la notification est faite à personne ou à domicile, par un récépissé daté et signé par ladite personne, ou, en cas de refus ou d'absence, par un récépissé daté et signé par le commissaire civil ou le commissaire commandant de la commune ;

2° Si la notification est faite à un domicile élu, par un récépissé daté et signé par la personne chez laquelle aura été faite l'élection de domicile, et, en cas de refus ou d'absence, par un récépissé daté et signé par le commissaire civil ou le commissaire commandant de la commune ;

3° Si la notification est faite au parqnet du procureur général, par un récépissé signé par ce magistrat ou par son substitut.

ART. 7.

Les requêtes, rapports et toutes les productions des parties seront déposées au secrétariat du conseil privé ; elles y seront inscrites, suivant leur ordre de date, sur un registre coté et parafé par le gouverneur.

Ce registre, divisé en colonnes, sera destiné à constater : 1° l'époque du dépôt de la requête introductive d'instance au conseil du contentieux administratif et des pièces y annexées; 2° le numéro du dossier; 3° le nom du rapporteur qui sera désigné; 4° la remise qui lui sera faite des pièces; 5° la date de l'arrêté de soit communiqué, s'il en survient un; 6° les noms des avocats des parties et les communications de pièces qui leur seront données; 7° la remise des pièces au contrôleur colonial; 8° enfin les principaux incidents de l'affaire.

SECTION II.

NOMINATION DU RAPPORTEUR. — ARRÊTÉ DE SOIT COMMUNIQUÉ.

ART. 8.

Chaque mois, avant le jour fixé pour l'ouverture de la session du conseil, le secrétaire archiviste présentera au gouverneur l'état des affaires introduites dans le mois précédent; le gouverneur nommera pour chacune d'elles un rapporteur parmi les membres du conseil.

Ne pourra être nommé rapporteur le chef d'administration dont la décision sera attaquée.

ART. 9.

Sur un exposé préalable et sommaire du rapporteur, le gouverneur ordonnera, s'il y a lieu, la communication de la requête aux parties intéressées, pour y répondre et fournir leurs défenses.

Dans le cas où le gouverneur ne jugerait pas à propos d'ordonner la communication, l'affaire sera, sur la simple production de la requête du demandeur, rapportée au conseil dans l'une de ses plus prochaines séances. Si le conseil juge qu'il y a lieu à

communication, le gouverneur rendra l'arrêté de soit communiqué ; dans le cas contraire, la requête sera définitivement rejetée,
et la décision ne pourra être réformée que par la voie du recours
au Conseil d'État.

ART. 10.

Lorsque la communication devra avoir lieu, l'arrêté de soit
communiqué, rendu par le gouverneur, sera mis en marge de la
requête, signé de lui et scellé du sceau du conseil.

ART. 11.

Le secrétaire archiviste sera tenu, sous peine de tous dommages-intérêts, s'il y a lieu, de donner, dans les cinq jours au
plus tard, par lettre datée et signée de lui, avis de l'arrêté de soit
communiqué à l'avocat du demandeur, qui donnera récépissé de
ladite lettre.

ART. 12.

L'expédition, tant de la requête introductive d'instance que de
l'arrêté de soit communiqué, certifiée conforme par le secrétaire
archiviste et scellée du sceau du conseil, sera remise au demandeur,
qui devra la signifier, à peine de nullité de toute l'instance, par
le ministère d'un huissier, dans le délai d'un mois, qui courra de
la date dudit arrêté de soit communiqué, et dans la forme suivante, savoir :

A personne ou à domicile, si le défendeur réside dans la colonie, ou s'il y a un domicile ;

Si le défendeur demeure hors de la colonie, la notification sera
faite au parquet du procureur général, lequel visera l'original et
transmettra la copie ainsi qu'il est dit à l'avant-dernier paragraphe de l'article 3 ci-dessus.

ART. 13.

La signification de l'arrêté de soit communiqué contiendra assi-

gnation à comparaître devant le conseil du contentieux administratif par le ministère d'un avocat audit conseil, et mention du
terme dans lequel ladite comparution devra avoir lieu.

ART. 14.

Si la demande a été introduite sur le rapport du contrôleur colonial, elle sera soumise au conseil, qui, sur l'exposé sommaire du
rapporteur, pourra la rejeter. La décision, dans ce cas, ne pourra
être attaquée que par la voie du recours au Conseil d'État.

Si le conseil décide qu'il y a lieu à communication, l'arrêté de
soit communiqué sera rendu par le gouverneur dans la forme
ordinaire.

L'arrêté de soit communiqué, ensemble les conclusions du rapport du contrôleur colonial, seront notifiés à la partie adverse
dans le délai d'un mois, qui courra de la date dudit arrêté, et
dans la forme suivante :

Si la partie réside dans la colonie ou qu'elle y ait un domicile, par une lettre signée du contrôleur, dont la remise sera
constatée ainsi qu'il est dit en l'article 6 ci-dessus;

Si la partie réside hors de la colonie, par une signification faite,
à la requête du contrôleur colonial, au parquet du procureur
général, qui se conformera aux dispositions de l'avant-dernier
paragraphe de l'article 3 ci-dessus.

ART. 15.

Lorsque, dans les affaires où le gouvernement a des intérêts
opposés à ceux d'une partie privée, l'instance sera introduite à la
requête de cette partie, il n'y aura ni arrêté de soit communiqué,
ni notification à faire; mais le dépôt, qui aura lieu au secrétariat
du conseil, de la requête et des pièces, vaudra notification à l'administration intéressée : en conséquence, le contrôleur colonial
sera tenu de défendre d'office, et de faire, au nom du gouverne-

ment, tous les actes nécessaires à l'instruction, dans les délais et dans les formes ordinaires.

SECTION III.

CONSTITUTION D'AVOCAT. — DÉFENSES ET COMMUNICATIONS DE PIÈCES.

ART. 16.

Sur la communication de l'arrêté de soit communiqué, les défendeurs seront tenus de répondre par requête adressée au gouverneur et signée d'un avocat au conseil privé.

Dans aucun cas, il ne pourra être produit de mémoire en défense avant la notification de l'arrêté de soit communiqué; s'il en était produit, il n'en sera point donné lecture au conseil, et l'avocat qui les aurait signés pourrait être condamné à une amende de cinquante francs.

La requête en défense devra être signifiée à l'avocat du demandeur, dans les délais fixés par l'article 3 ci-dessus; ces délais courront du jour de la communication donnée au défendeur, à personne ou à domicile, ou au domicile élu, s'il demeure dans la colonie, et au parquet du procureur général, s'il demeure hors de ladite colonie.

Dans les cas prévus par les paragraphes 6, 7 et 8 de l'article 176 de notre ordonnance du 9 février 1827, concernant le gouvernement de l'île de la Martinique et celui de la Guadeloupe et de ses dépendances; de l'article 160 de notre ordonnance du 21 août 1825, concernant le gouvernement de l'île de Bourbon et de ses dépendances, et de l'article 165 de notre ordonnance du 27 août 1828, concernant le gouvernement de la Guyane française, le gouverneur, lorsqu'il y aura urgence, pourra ordonner, par l'arrêté de soit communiqué, que la signification dudit arrêté sera faite au défendeur, en la personne du gérant de ses biens

dans la colonie, qui sera tenu de défendre dans les formes et les délais ordinaires : la décision qui interviendra sera réputée rendue avec le défendeur.

ART. 17.

La signature de l'avocat au conseil privé au pied de la requête, soit en demande, soit en défense, vaudra constitution et élection de domicile chez lui : le demandeur ni le défendeur ne pourront révoquer leur avocat sans en constituer un autre; les procédures faites et les jugements obtenus contre l'avocat révoqué et non remplacé seront valables.

ART. 18.

Le demandeur pourra, dans la quinzaine après la défense, signifier une seconde requête, et le défendeur signifier une réplique dans la quinzaine suivante.

Cependant, si le contrôleur colonial est une des parties en cause, les requêtes de la partie adverse seront simplement déposées au greffe sans signification préalable, et il en sera donné communication au contrôleur par la voie administrative.

Il ne pourra y avoir plus de deux requêtes entrant en taxe de la part de chaque partie, y compris la requête introductive d'instance.

ART. 19.

Il sera donné avis, par acte d'avocat à avocat, de la production de toutes autres pièces qui pourraient être fournies dans le cours de l'instance; sinon, elles seront rejetées du procès.

ART. 20.

Les avocats des parties pourront prendre communication des productions de l'instance au secrétariat du conseil privé, sans frais.

Les pièces ne pourront être déplacées, à moins qu'il n'y en ait minute, ou que les parties intéressées n'y consentent.

ART. 21.

Lorsqu'il y aura déplacement de pièces, le récépissé signé de l'avocat sur le registre dont il est parlé dans l'article 7 ci-dessus, portera obligation de les rendre dans un délai qui ne pourra excéder huit jours; et ce délai expiré, le président du conseil pourra condamner personnellement l'avocat à dix francs de dommages-intérêts pour chaque jour de retard, et même ordonner qu'il sera contraint par corps.

ART. 22.

Dans aucun cas, les délais, pour fournir et signifier requête, ne seront prolongés par l'effet des communications; et, après l'expiration de ces délais, le conseil pourra statuer.

SECTION IV.

DES DÉCISIONS DU CONSEIL DU CONTENTIEUX ADMINISTRATIF.

ART. 23.

Les affaires portées devant le conseil seront inscrites sur un tableau divisé en deux parties ou rôles.

Les affaires sommaires et urgentes, telles que les mises en jugement, les conflits positifs et négatifs, les demandes de sursis, les avant-faire-droit, les oppositions aux décisions du conseil du contentieux administratif rendues par défaut, et généralement toutes les demandes qui requièrent célérité, ou celles dans lesquelles le gouverneur aura refusé un arrêté de soit communiqué, seront inscrites sur le premier rôle.

Toutes autres affaires, contradictoirement instruites ou en état, seront inscrites sur le deuxième rôle.

Les affaires seront présentées dans l'ordre de leur inscription au tableau.

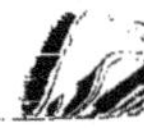

ART. 24.

Le rapporteur exposera les faits et les moyens respectifs des parties; après le rapport, le contrôleur colonial donnera ses conclusions par écrit, et les déposera sur le bureau. Le conseil délibérera; le président recueillera les voix dans l'ordre inverse du rang qu'occupe chaque membre du conseil : le président votera le dernier.

ART. 25.

Les décisions seront rendues à la pluralité des voix; en cas de partage, celle du président sera prépondérante.

Seront, au surplus, observées les dispositions des articles 117, 119, 120, 121, 122, 123, 124, 125, 130, 131 et 132 du Code de procédure civile[1], pour les cas où il se formerait plus de

---

[1] Art. 117. S'il se forme plus de deux opinions, les juges plus faibles en nombre seront tenus de se réunir à l'une des deux opinions qui auront été émises par le plus grand nombre; toutefois, ils ne seront tenus de s'y réunir qu'après que les voix auront été recueillies une seconde fois.

Art. 119. Si le jugement ordonne la comparution des parties, il indiquera le jour de la comparution.

Art. 120. Tout jugement qui ordonnera un serment énoncera les faits sur lesquels il sera reçu.

Art. 121. Le serment sera fait par la partie en personne et à l'audience. Dans le cas d'un empêchement légitime et dûment constaté, le serment pourra être prêté devant le juge que le tribunal aura commis, et qui se transportera chez la partie assisté du greffier.

Si la partie à laquelle le serment est déféré est trop éloignée, le tribunal pourra ordonner qu'elle prêtera le serment devant le tribunal du lieu de sa résidence.

Dans tous les cas, le serment sera fait en présence de l'autre partie, ou elle dûment appelée par acte d'avoué à avoué, et, s'il n'y a pas d'avoué constitué, par exploit contenant l'indication du jour de la prestation.

Art. 122. Dans les cas où les tribunaux peuvent accorder des délais pour l'exécution de leurs jugements, ils le feront par le jugement même qui statuera sur la contestation, et qui énoncera les motifs du délai.

Art. 123. Le délai courra du jour du jugement, s'il est contradictoire, et de celui de la signification, s'il est par défaut.

Art. 124. Le débiteur ne pourra obtenir un délai, ni jouir du délai qui lui aura été accordé, si ses biens sont vendus à la requête d'autres créanciers, s'il est en état de faillite, de

deux opinions; pour celui où la décision ordonnerait une comparution des parties, un serment, accorderait un délai ou condamnerait aux dépens, sauf, en ce qui concerne l'article 132, la disposition relative à l'interdiction contre les avoués et huissiers, et la destitution contre les tuteurs et autres.

ART. 26.

Les décisions du conseil du contentieux administratif seront écrites par le rapporteur ou par tout autre membre que le président désignera; elles seront portées sur un registre tenu spécialement à cet effet, coté et parafé par le gouverneur; elles seront signées par le président, par le rapporteur et le secrétaire archiviste.

ART. 27.

Le secrétaire archiviste qui délivrera expédition d'une décision du conseil avant que les formalités prescrites par l'article précédent aient été remplies sera poursuivi conformément à l'article 139 du Code de procédure civile [1].

ART. 28.

Les décisions du conseil du contentieux administratif seront

contumace, ou s'il est constitué prisonnier, ni enfin lorsque, par son fait, il aura diminué les sûretés qu'il avait données par le contrat à son créancier.

Art. 125. Les actes conservatoires seront valables, nonobstant le délai accordé.

Art. 130. Toute partie qui succombera sera condamnée aux dépens.

Art. 131. Pourront néanmoins les dépens être compensés, en tout ou en partie, entre conjoints, ascendants, descendants, frères et sœurs, ou alliés au même degré; les juges pourront aussi compenser les dépens, en tout ou en partie, si les parties succombent respectivement sur quelques chefs.

Art. 132. Les avoués et huissiers qui auront excédé les bornes de leur ministère, les tuteurs, curateurs, héritiers bénéficiaires ou autres administrateurs qui auront compromis les intérêts de leur administration, pourront être condamnés aux dépens en leur nom et sans répétition, même aux dommages et intérêts s'il y a lieu, sans préjudice de l'interdiction contre les avoués et huissiers, et de la destitution contre les tuteurs et autres, suivant la gravité des circonstances.

[1] Art. 139. Les greffiers qui délivreront expédition d'un jugement avant qu'il ait été signé seront poursuivis comme faussaires.

rendues exécutoires par un arrêté que prendra à cet effet le gouverneur, au bas ou en marge de la minute, en ces termes :

« Vu par nous, gouverneur de la colonie de N.... la minute
« de la décision du conseil privé, constitué en conseil du conten-
« tieux administratif, rendue le..... entre N..... et N..... or-
« donnons que ladite décision sera exécutée en tout son contenu,
« selon sa forme et teneur. »

ART. 29.

La rédaction des décisions du conseil du contentieux administratif contiendra les noms des membres du conseil qui y auront participé, et celui du contrôleur colonial, ainsi que des avocats; la désignation du rapporteur; les noms, professions et demeures des parties; leurs conclusions; l'analyse des points de fait et de droit; le sommaire des conclusions du contrôleur colonial; le vu des pièces; les motifs et le dispositif. L'arrêté d'exécution pris par le gouverneur y sera transcrit en entier.

Elles seront précédées de la formule suivante :

« Charles, par la grâce de Dieu, Roi de France et de Navarre,
« à tous ceux qui ces présentes verront, salut.

« Le gouverneur de..... par son arrêté en date du..... a rendu
« exécutoire la décision du conseil du contentieux administratif,
« en date du..... dont la teneur suit..... »

Elles seront ainsi terminées :

« Mandons et ordonnons à tous huissiers sur ce requis de mettre
« la présente décision et l'arrêté étant ensuite à exécution ; à nos
« procureurs généraux et à nos procureurs près les tribunaux de
« première instance d'y tenir la main ; à tous commandants et
« officiers de la force publique de prêter main-forte, lorsqu'ils en
« seront légalement requis : en foi de quoi la minute du présent
« arrêté a été signée par le gouverneur. »

ART. 3o.

S'il y a avocat en cause, la décision ne pourra être exécutée qu'après qu'elle lui aura été signifiée, à peine de nullité de toutes les procédures et exécutions qui pourraient être faites avant ladite signification.

Les décisions provisoires ou définitives qui prononceront des condamnations seront en outre signifiées à la partie, à personne ou domicile, ou au domicile élu, et, si la partie demeure hors de la colonie, au parquet du procureur général; et il y sera fait mention de la signification à avocat.

ART. 3i.

Si l'avocat est décédé ou a cessé d'exercer, la signification à partie suffira; mais il y sera fait mention du décès ou de la cessation des fonctions de l'avocat.

ART. 3⒉

En cas de pourvoi au conseil d'État, le Conseil du contentieux administratif pourra, sur la demande de la partie intéressée et en présence de la partie adverse, ou elle dûment appelée, ordonner, suivant les circonstances, que sa décision ne sera exécutée qu'à la charge de donner caution. Le montant du cautionnement sera fixé et la caution reçue contradictoirement par le conseil.

L'exécution provisoire d'une décision obtenue par un étranger ou par un Français non domicilié dans la colonie ne pourra avoir lieu qu'à la charge de donner caution.

La partie qui consignera le montant du cautionnement, ou qui justifiera que ses immeubles situés dans la colonie sont suffisants pour en répondre, sera dispensée de fournir caution, et, dans ce dernier cas, lesdits immeubles seront affectés hypothécairement jusqu'à concurrence du cautionnement.

ART. 33.

Dans aucun cas, les décisions du conseil privé ne pourront statuer sur les dommages-intérêts respectivement réclamés, sauf aux parties à se pourvoir devant qui de droit.

SECTION V.
DES DÉCISIONS PAR DÉFAUT ET DES OPPOSITIONS.

ART. 34.

Faute par la partie de constituer un avocat à l'échéance du délai pour comparaître, le demandeur pourra, huitaine après l'expiration dudit délai, remettre l'arrêté de soit communiqué, dûment signifié, avec les pièces qui y auront été visées, au secrétariat du conseil; lesdites pièces seront envoyées au rapporteur pour être statué ensuite par défaut par le conseil, ainsi qu'il appartiendra.

ART. 35.

Lorsqu'il y aura plusieurs parties assignées à pareils ou à différents délais, l'avocat du demandeur ne pourra prendre un défaut contre aucune desdites parties qu'après l'échéance de toutes les assignations et l'expiration du temps prescrit pour prendre le défaut.

La décision qui interviendra statuera à la fois à l'égard de toutes les parties, tant celles qui se seront présentées que celles qui seront défaillantes.

ART. 36.

Le demandeur ne pourra prendre défaut, s'il a laissé passer une année entière sans faire de poursuites, à compter du jour où les défendeurs devaient fournir leurs défenses, et son instance sera périmée, à moins qu'un des défendeurs ne se soit présen té.

ART. 37.

Les parties défaillantes pourront former opposition à la décision par défaut. A cet effet, elles présenteront au gouverneur, par
le ministère d'un avocat, une requête contenant leurs moyens
d'opposition, à moins que les moyens de défense n'aient déjà été
signifiés dans l'ignorance du défaut, auquel cas il suffira de déclarer qu'on les emploie comme moyens d'opposition.

Cette requête, dûment signifiée à l'avocat qui a obtenu le défaut, devra être déposée, à peine de déchéance, dans les délais
fixés par l'article 3 ci-dessus, à compter du jour de la notification
de la décision par défaut.

Le délai pour former opposition à une décision rendue par défaut dans le cas prévu par le dernier paragraphe de l'article 16
ci-dessus sera d'un mois, à partir de la notification faite de ladite
décision au gérant.

ART. 38.

L'avocat qui a obtenu le défaut pourra signifier sa réponse à
la requête d'opposition, dans la huitaine après la signification de
ladite requête, et la partie opposante signifier sa réplique dans la
huitaine suivante.

Aucune autre requête n'entrera en taxe.

Après ces délais, les pièces seront transmises au rapporteur
pour être l'affaire rapportée, dans la forme ordinaire, au conseil,
qui statuera sur l'opposition.

Dans tous les cas, les frais faits jusqu'à l'opposition resteront à
la charge de la partie défaillante.

ART. 39.

L'opposition ne suspendra pas l'exécution, à moins qu'il n'en
soit autrement ordonné par la décision qui a prononcé le défaut.

La suspension pourra, en outre, être demandée par la requête en opposition; il y sera statué par le gouverneur sur un avis motivé du rapporteur, et sans communication préalable à l'autre partie.

ART. 40.

L'opposition d'une partie défaillante à une décision rendue contradictoirement avec une autre ayant le même intérêt ne sera pas recevable.

ART. 41.

L'opposition ne pourra jamais être reçue contre une décision qui aurait débouté d'une première opposition.

SECTION VI.

DES ACTES D'INSTRUCTION.

§ 1er. Dispositions générales.

ART. 42.

Si, dans le cours d'une instance et d'après l'examen d'une affaire, il y a lieu d'ordonner des mises en cause, le conseil rendra à cet effet une décision spéciale.

Il en sera de même lorsqu'il y aura lieu d'ordonner des enquêtes, des descentes sur les lieux, des rapports d'experts, des interrogatoires, des auditions de parties ou des vérifications d'écritures : la décision désignera, dans ce cas, pour y procéder en qualité de commissaire, soit un des membres du conseil, soit le juge des lieux.

Il sera procédé auxdits actes dans la forme réglée par les articles suivants.

§ 2. Des mises en cause.

ART. 43.

L'arrêté qui ordonnera la mise en cause sera signifié dans la

forme et dans les délais fixés par les articles 1 2 , 1 3 , 1 4 et 1 5 ci-
dessus, pour la signification des arrêtés de soit communiqué.

ART. 44.

La partie mise en cause devra se présenter, par le ministère
d'un avocat, dans les délais et suivant les règles fixés par les articles 1 6 à 2 2 de la présente ordonnance.

ART. 45.

Après l'expiration desdits délais, il sera procédé au jugement
de l'affaire, encore que la partie mise en cause ne se soit pas présentée : dans ce cas, les frais de la mise en cause seront payés
par la partie qui succombera, sauf son recours contre la partie
défaillante, s'il y a lieu.

§ 3. Des enquêtes.

ART. 46.

En cas d'enquête, la décision qui l'ordonnera contiendra les
faits sur lesquels elle devra porter, fixera le délai dans lequel elle
commencera, et nommera le commissaire qui sera chargé d'y
procéder.

ART. 47.

La partie la plus diligente lèvera une expédition de cette décision et la remettra au commissaire, qui fixera, par une ordonnance au bas ou en marge de l'expédition, les lieu, jour et heure
où les témoins seront entendus.

ART. 48.

Les témoins seront assignés à personne ou à domicile : ceux
domiciliés dans l'étendue de trois myriamètres du lieu où se fait
l'enquête le seront au moins un jour avant l'audition; il sera

ajouté un jour par deux myriamètres pour ceux domiciliés à une plus grande distance. Il sera donné copie à chaque témoin de la décision du conseil en ce qui concerne les faits sur lesquels l'enquête doit porter, et de l'ordonnance du commissaire.

ART. 49.

La partie sera assignée pour être présente à l'enquête, au domicile de son avocat, trois jours au moins avant l'audition, si elle est domiciliée dans l'étendue de deux myriamètres du lieu où se fait l'enquête; il sera ajouté un jour par deux myriamètres pour les parties domiciliées à une plus grande distance. Dans le cas où la partie ne résiderait pas dans la colonie, elle sera représentée par son avocat. Il sera donné copie, avec l'assignation, des noms, professions et demeures des témoins à produire, ainsi que de l'arrêté qui aura ordonné l'enquête, et de l'ordonnance du commissaire.

ART. 50.

Au jour indiqué pour l'audition, si l'une des parties demande une prorogation, l'incident sera jugé sur-le-champ par le commissaire; il en sera de même de tout autre incident qui se présentera dans le cours de l'enquête.

ART. 51.

Les témoins seront entendus séparément, tant en présence qu'en l'absence des parties : chaque témoin, avant d'être entendu, déclarera ses noms, profession, âge et demeure; il déclarera, en outre, s'il est parent d'une des parties et à quel degré, s'il est serviteur ou esclave de l'une d'elles : il fera serment de dire la vérité.

ART. 52.

Les témoins défaillants seront condamnés à vingt francs de dommages-intérêts envers la partie, et seront réassignés à leurs frais. En cas de récidive, ils seront condamnés, par corps, à une amende de cent francs, et le commissaire pourra décerner contre eux un mandat d'amener; les condamnations prononcées par le commissaire ne seront pas susceptibles d'appel.

Néanmoins, en cas d'excuses valables, le témoin pourra, après sa déposition, être déchargé, par le commissaire, des condamnations prononcées contre lui.

ART. 53.

Si le témoin est éloigné, le commissaire commettra, savoir :

Si le témoin réside dans le chef-lieu de canton, le juge de paix dudit canton;

Et si le témoin réside hors du chef-lieu de canton, soit le juge de paix de ce canton, soit le commissaire civil, ou le commissaire commandant de la commune.

ART. 54.

Nul ne pourra être assigné comme témoin s'il est parent ou allié en ligne directe de l'une des parties ou son conjoint; les esclaves ne pourront être entendus dans les enquêtes ordinaires ou sommaires que comme témoins nécessaires, et ils ne seront jamais entendus pour ou contre leurs maîtres.

ART. 55.

Les reproches seront proposés par les parties ou par leurs avocats avant la déposition du témoin, qui sera tenu d'y répondre. Les parties pourront faire valoir contre le témoin les mêmes causes de reproche que celles qui sont énoncées dans l'article 283 du Code de procédure civile[1].

[1] Art. 283. Pourront être reprochés les parents ou alliés de l'une ou de l'autre des parties, jusqu'au degré de cousin issu de germain inclusivement; les parents et alliés des conjoints au degré ci-dessus, si le conjoint est vivant, ou si la partie ou le témoin en a des enfants vivants : en cas que le conjoint soit décédé, et qu'il n'ait pas laissé de descendants,

Le témoin reproché sera néanmoins entendu dans sa déposition, sauf au conseil à y avoir ensuite tel égard que de droit.

ART. 56.

Le témoin déposera oralement : le juge-commissaire pourra, soit d'office, soit sur la réquisition des parties ou de l'une d'elles, faire au témoin les interpellations qu'il croira convenables pour éclaircir sa déposition ; le résultat de la déposition du témoin et de ses réponses lui sera lu ; il pourra y faire tels changements et additions que bon lui semblera.

Si les témoins ne peuvent être entendus le même jour, le commissaire remettra à jour et heure certains ; il ne sera donné aucune nouvelle assignation ni aux témoins, ni à la partie, encore qu'elle n'ait pas comparu.

ART. 57.

Il sera dressé procès-verbal de l'enquête. Le procès-verbal contiendra les serments des témoins, leurs déclarations, les reproches formés contre eux, le résultat de leurs dépositions, les incidents qui se seront élevés dans le cours de l'enquête, et les décisions dont ils auront été l'objet. Ce procès-verbal sera transmis par le commissaire au secrétariat du conseil, et l'instance se poursuivra sans autre formalité.

ART. 58.

Si le témoin requiert taxe, elle sera faite par le commissaire sur la copie de l'assignation, et elle vaudra exécutoire. Le commissaire fera mention de la taxe sur son procès-verbal.

pourront être reprochés les parents et alliés en ligne directe, les frères, beaux-frères, sœurs et belles-sœurs.

Pourront aussi être reprochés : le témoin héritier présomptif ou donataire ; celui qui aura bu ou mangé avec la partie, et à ses frais, depuis la prononciation du jugement qui a ordonné l'enquête ; celui qui aura donné des certificats sur les faits relatifs au procès ; les serviteurs et domestiques ; le témoin en état d'accusation ; celui qui aura été condamné à une peine afflictive ou infamante, ou même à une peine correctionnelle pour cause de vol.

ART. 59.

La preuve contraire sera de droit; le commissaire déterminera les délais dans lesquels la contre-enquête sera commencée; les règles ci-dessus fixées s'appliqueront à cette contre-enquête.

§ 4. Des descentes sur les lieux.

ART. 60.

La partie la plus diligente prendra une expédition de la décision qui aura ordonné la descente sur les lieux, et la remettra au commissaire, qui fixera, par une ordonnance mise au bas ou en marge de ladite expédition, les lieu, jour et heure de la descente. La signification desdites décision et ordonnance sera faite par acte d'avocat à avocat, et vaudra sommation.

ART. 61.

Il sera dressé procès-verbal de la descente et des dires et observations des parties qui y auront assisté. Ce procès-verbal sera transmis par le commissaire au secrétariat du conseil, et l'instance se poursuivra sans autre formalité.

§ 5. Des rapports d'experts.

ART. 62.

La décision qui ordonnera le rapport d'experts énoncera clairement les objets de l'expertise.

ART. 63.

L'expertise pourra être faite par un ou plusieurs experts.

ART. 64.

La décision qui ordonnera l'expertise nommera les experts, et désignera le commissaire qui recevra leur serment.

ART. 65.

La partie qui aura des récusations à proposer contre les experts sera tenue de le déclarer au secrétariat du conseil, dans les huit jours de la nomination, par un simple acte signé de son avocat, contenant les causes de récusation et les moyens de preuve. Les reproches seront jugés dans la plus prochaine séance du conseil.

Les experts pourront être récusés pour les mêmes motifs pour lesquels les témoins peuvent être reprochés.

ART. 66.

Après l'expiration du délai fixé pour la récusation des experts, la partie la plus diligente lèvera une expédition de la décision qui aura nommé les experts, et fera sommation à ceux-ci de compa raître devant le commissaire à l'effet de prêter serment : il ne sera pas nécessaire que les parties y soient présentes.

ART. 67.

Le procès-verbal de prestation de serment contiendra indication, par les experts, du lieu, du jour et de l'heure de leur opération : en cas de présence des parties ou de leurs avocats, cette indication vaudra sommation; en cas d'absence, il sera fait sommation aux parties, par acte d'avocat à avocat, de se trouver aux jour, heure et lieu que les experts auront indiqués.

ART. 68.

Si un expert n'accepte pas sa nomination, ou ne se présente pas, soit pour le serment, soit pour l'expertise, aux jour, heure et lieu indiqués, le conseil en indiquera un autre pour y procéder.

L'expert qui, après avoir prêté serment, ne remplira pas sa mission, pourra être poursuivi devant les tribunaux en dommages-intérêts.

ART. 69.

Une expédition de la décision qui aura ordonné le rapport sera remise aux experts; les parties pourront faire tels dires et réquisitions qu'elles jugeront convenables; il en sera fait mention dans le rapport; il sera rédigé sur le lieu contentieux, ou dans le lieu et aux jour et heure qui seront indiqués par les experts.

ART. 70.

Le rapport sera déposé par les experts au secrétariat du conseil, et l'instance sera poursuivie sans autre formalité.

§ 6. De l'interrogatoire sur faits et articles.

ART. 71.

Le conseil ordonnera, s'il le juge convenable, soit d'office, soit sur une requête présentée à cet effet, l'interrogatoire d'une des parties sur faits et articles.

ART. 72.

La décision qui ordonnera l'interrogatoire énoncera les faits sur lesquels la partie sera interrogée, et nommera le commissaire devant lequel aura lieu ledit interrogatoire. Dans le cas où le commissaire ne serait pas pris parmi les membres du conseil, l'interrogatoire ne pourra être fait que par le juge des lieux ou le juge de paix du canton.

ART. 73.

Une expédition de cette décision sera remise au commissaire, qui déterminera les jour et heure de l'interrogatoire par une ordonnance rendue à cet effet au bas de ladite décision.

ART. 74.

La décision du conseil et l'ordonnance du commissaire seront signifiées à la partie, avec sommation de s'y conformer, vingt-quatre heures au moins avant l'interrogatoire, si ladite partie est domiciliée dans l'étendue de deux myriamètres du lieu où se fait l'interrogatoire; il sera ajouté un jour par deux myriamètres, si ladite partie est domiciliée à une plus grande distance.

ART. 75.

Si la partie assignée ne comparaît pas ou refuse de répondre après avoir comparu, il en sera dressé procès-verbal sommaire, et les faits pourront être tenus pour avérés.

ART. 76.

Si, ayant fait défaut sur l'assignation, elle se présente avant la décision définitive, elle sera interrogée, en payant les frais dudit procès-verbal, sans répétition.

ART. 77.

Si, au jour de l'interrogatoire, la partie assignée justifie d'un empêchement légitime, le juge indiquera un autre jour pour l'interrogatoire, sans nouvelle assignation.

ART. 78.

La partie répondra en personne, sans pouvoir lire aucun projet de réponse écrit et sans assistance de conseil, aux faits contenus dans la décision qui aura ordonné l'interrogatoire, et même à ceux sur lesquels le commissaire croirait devoir l'interroger d'office. Les réponses seront précises et pertinentes sur chaque fait, sans aucun terme calomnieux ni injurieux. Si l'interrogatoire a été ordonné sur la demande d'une des parties, cette partie ne pourra y assister.

ART. 79.

Le procès-verbal de l'interrogatoire sera remis au greffe par le commissaire, et l'instance se poursuivra sans autre formalité.

§ 7. De l'audition des parties.

ART. 80.

Lorsque le conseil jugera nécessaire que les parties soient entendues en personne, il désignera un commissaire qui les appellera devant lui, les entendra hors de la présence de leurs avocats et dressera procès-verbal de leurs dires respectifs. Ce procès-verbal sera lu aux parties et signé par elles et par le commissaire. Si elles ne savent ou ne peuvent signer, mention en sera faite au procès-verbal.

§ 8. De la vérification des écritures.

ART. 81.

La décision qui prescrira la vérification d'écritures ordonnera qu'elle sera faite par trois experts et les nommera d'office. La même décision commettra le commissaire devant qui la vérification sera faite; elle ordonnera aussi que la pièce à vérifier sera déposée, soit au secrétariat du conseil, soit au greffe du tribunal de première instance, après que son état aura été constaté et qu'elle aura été parafée par les avocats en cause et par le greffier ou le secrétaire archiviste du conseil, lequel dressera du tout procès-verbal.

ART. 82.

Il sera procédé à ladite vérification d'écritures devant le commissaire, dans la forme réglée par les articles 198 à 213 inclusivement du Code de procédure civile [1].

---

[1] Art. 198. Dans les trois jours du dépôt de la pièce, le défendeur pourra en prendre communication au greffe, sans déplacement. Lors de ladite communication, la pièce sera parafée par lui, ou par son avoué, ou par son fondé de pouvoir spécial, et le greffier en dressera procès-verbal.

Art. 199. Au jour indiqué par l'ordonnance du juge-commissaire, et sur la sommation de la partie la plus diligente, signifiée à avoué, s'il en a été constitué, sinon à domicile, par un

SECTION VII.

DES INCIDENTS QUI PEUVENT SURVENIR PENDANT L'INSTRUCTION D'UNE AFFAIRE.

§ 1er. Des demandes incidentes.

ART. 83.

Toute demande incidente sera formée par une requête sommaire déposée au secrétariat du conseil. Le gouverneur, sur l'avis motivé du rapporteur, statuera conformément à l'article 9 ci-dessus. L'arrêté de soit communiqué sera signifié au domicile de l'avocat de la partie adverse, dans les huit jours de sa date.

huissier commis par ladite ordonnance, les parties seront tenues de comparaître devant ledit commissaire, pour convenir des pièces de comparaison. Si le demandeur en vérification ne comparaît pas, la pièce sera rejetée; si c'est le défendeur, le juge pourra tenir la pièce pour reconnue. Dans les deux cas, le jugement sera rendu à la prochaine audience, sur le rapport du juge-commissaire, sans acte à venir plaider; il sera susceptible d'opposition.

Art. 200. Si les parties ne s'accordent pas sur les pièces de comparaison, le juge ne pourra recevoir comme telles :

1° Que les signatures apposées aux actes par-devant notaires, ou celles apposées aux actes judiciaires en présence du juge et du greffier, ou enfin les pièces écrites et signées par celui dont il s'agit de comparer l'écriture, en qualité de juge, greffier, notaire, avoué, huissier, ou comme faisant, à tout autre titre, fonction de personne publique;

2° Les écritures et signatures privées reconnues par celui à qui est attribuée la pièce à vérifier, mais non celles déniées ou non reconnues par lui, encore qu'elles eussent été précédemment vérifiées et reconnues être de lui.

Si la dénégation ou méconnaissance ne porte que sur partie de la pièce à vérifier, le juge pourra ordonner que le surplus de ladite pièce servira de pièce de comparaison.

Art. 201. Si les pièces de comparaison sont entre les mains de dépositaires publics ou autres, le juge-commissaire ordonnera qu'aux jour et heure par lui indiqués les détenteurs desdites pièces les apporteront au lieu où se fera la vérification, à peine, contre les dépositaires publics, d'être contraints par corps, et les autres par les voies ordinaires, sauf même à prononcer contre ces derniers la contrainte par corps, s'il y échet.

Art. 202. Si les pièces de comparaison ne peuvent être déplacées, ou si les détenteurs sont trop éloignés, il est laissé à la prudence du tribunal d'ordonner, sur le rapport du juge-commissaire et après avoir entendu le procureur du Roi, que la vérification se fera dans le lieu de la demeure des dépositaires ou dans le lieu le plus proche, ou que, dans un délai déter-

ART. 84.

Le défendeur sera tenu de répondre à ladite requête dans les huit jours de la signification qui lui en aura été faite.

ART. 85.

Les demandes incidentes seront jugées par préalable; cependant le conseil pourra, s'il y a lieu, ordonner qu'elles seront jointes au principal, pour y être statué par la même décision.

§ 2. Des demandes en sursis.

ART. 86.

Le recours au conseil du contentieux administratif contre une décision administrative n'en suspendra pas l'exécution.

Toutefois, dans le cas où l'exécution de ladite décision serait de nature à causer un tort irréparable, le conseil pourra, sur la

miné, les pièces seront envoyées au greffe par les voies que le tribunal indiquera par son jugement.

Art. 203. Dans ce dernier cas, si le dépositaire est personne publique, il fera préalablement expédition ou copie collationnée des pièces, laquelle sera vérifiée sur la minute ou original par le président du tribunal de son arrondissement, qui en dressera procès-verbal. Ladite expédition ou copie sera mise par le dépositaire au rang de ses minutes, pour en tenir lieu jusqu'au renvoi des pièces, et il pourra en délivrer des grosses ou expéditions, en faisant mention du procès-verbal qui aura été dressé.

Le dépositaire sera remboursé de ses frais par le demandeur en vérification, sur la taxe qui en sera faite par le juge qui aura dressé le procès-verbal d'après lequel sera délivré exécutoire.

Art. 204. La partie la plus diligente fera sommer par exploit les experts et les dépositaires de se trouver aux lieu, jour et heure indiqués par l'ordonnance du juge-commissaire, les experts à l'effet de prêter serment et de procéder à la vérification, et les dépositaires à l'effet de représenter les pièces de comparaison. Il sera fait sommation à la partie d'être présente, par acte d'avoué à avoué. Il sera dressé du tout procès-verbal; il en sera donné aux dépositaires copie par extrait, en ce qui les concerne, ainsi que du jugement.

Art. 205. Lorsque les pièces seront représentées par les dépositaires, il est laissé à la prudence du juge-commissaire d'ordonner qu'ils resteront présents à la vérification, pour la garde desdites pièces, et qu'ils les retireront et représenteront à chaque vacation, ou d'ordonner qu'elles resteront déposées ès mains du greffier, qui s'en chargera par procès-verbal. Dans ce dernier cas, le dépositaire, s'il est personne publique, pourra en faire expé-

demande de la partie, et avec ou sans communication préalable à la partie adverse, accorder un sursis, ou ordonner que l'exécution provisoire n'aura lieu qu'à la charge de donner caution.

La demande en sursis devra être formée en même temps que l'instance principale, et par la même requête. Le défendeur pourra s'opposer au sursis.

§ 3. De l'intervention.

ART. 87.

L'intervention sera formée par requête qui contiendra les moyens et conclusions; les pièces justificatives y seront jointes.

dition, ainsi qu'il est dit par l'article 203, et ce encore que le lieu où se fait la vérification soit hors de l'arrondissement dans lequel le dépositaire a le droit d'instrumenter.

Art. 206. A défaut ou en cas d'insuffisance des pièces de comparaison, le juge-commissaire pourra ordonner qu'il sera fait un corps d'écritures, lequel sera dicté par les experts, le demandeur présent ou appelé.

Art. 207. Les experts ayant prêté serment, les pièces leur étant communiquées ou le corps d'écritures fait, les parties se retireront, après avoir fait sur le procès-verbal du juge-commissaire telles réquisitions et observations qu'elles aviseront.

Art. 208. Les experts procéderont conjointement à la vérification, au greffe, devant le greffier ou devant le juge, s'il l'a ainsi ordonné; et, s'ils ne peuvent terminer le même jour, ils remettront à jour et heure certains indiqués par le juge ou par le greffier.

Art. 209. Leur rapport sera annexé à la minute du procès-verbal du juge-commissaire, sans qu'il soit besoin de l'affirmer; les pièces seront remises aux dépositaires, qui en déchargeront le greffier sur le procès-verbal.

La taxe des journées et vacations des experts sera faite sur le procès-verbal, et il en sera délivré exécutoire contre le demandeur en vérification.

Art. 210. Les trois experts seront tenus de dresser un rapport commun et motivé, et de ne former qu'un seul avis à la pluralité des voix.

S'il y a des avis différents, le rapport en contiendra les motifs, sans qu'il soit permis de faire connaître l'avis particulier des experts.

Art. 211. Pourront être entendus comme témoins ceux qui auront vu écrire et signer l'écrit en question, ou qui auront connaissance de faits pouvant servir à découvrir la vérité.

Art. 212. En procédant à l'audition des témoins, les pièces déniées ou méconnues leur seront représentées, et seront par eux parafées; il en sera fait mention, ainsi que de leur refus : seront, au surplus, observées les règles ci-après prescrites pour les enquêtes.

Art. 213. S'il est prouvé que la pièce est écrite ou signée par celui qui l'a déniée, il sera condamné à cent cinquante francs d'amende envers le domaine, outre les dépens, dommages et intérêts de la partie, et pourra être condamné par corps même pour le principal.

ART. 88.

Les requêtes d'intervention seront envoyées au rapporteur, et, sur son exposé, le gouverneur admettra, s'il y a lieu, l'intervention par un arrêté qu'il rendra à la suite de la requête, et par lequel il ordonnera la communication de la requête aux avocats des parties intéressées pour y répondre dans le délai qui sera fixé par l'arrêté de soit communiqué. Dans le cas où le gouverneur ne jugerait pas à propos d'accorder un arrêté de soit communiqué, la demande en intervention sera soumise au conseil, qui statuera, ainsi qu'il est dit par l'article 9 ci-dessus.

ART. 89.

Dans les huit jours de sa date, l'arrêté de soit communiqué sera signifié aux avocats de toutes les parties de l'instance, et remis au secrétariat, avec les pièces y jointes, trois jours après ladite signification; sinon, ledit arrêté sera regardé comme non avenu, et il sera passé outre au jugement de ladite instance.

ART. 90.

Si l'intervention est contestée par quelqu'une des parties en cause, l'incident sera jugé à l'une des plus prochaines séances du conseil.

ART. 91.

S'il n'y a pas de contestation, l'instruction sera faite à l'égard de la partie intervenante, suivant ce qui a été réglé à la section première ci-dessus à l'égard des autres parties de l'instance.

ART. 92.

L'intervention ne pourra retarder le jugement de la cause principale, lorsqu'elle sera en état.

§ 4. Des reprises d'instance et constitution de nouvel avocat.

ART. 93.

La décision de l'instance qui sera en état ne sera retardée ni par le changement d'état des parties, ni par la cessation des fonctions dans lesquelles elles procédaient, ni par leur mort, ni par les décès, démissions, interdictions ou destitutions de leurs avocats, ni sous prétexte de constitution d'un nouvel avocat.

ART. 94.

L'affaire sera en état lorsque l'instruction sera complète, ou quand les délais pour les productions et les réponses seront expirés.

ART. 95.

Si l'affaire n'est pas en état, la procédure sera suspendue par la notification du décès de l'une des parties, ou par le seul fait de la démission, de l'interdiction ou de la destitution de son avocat.

Cette suspension durera jusqu'à la mise en demeure pour reprendre l'instance ou constituer avocat.

La notification du décès d'une partie ne pourra retarder la décision de l'affaire, lorsqu'il ne s'agira que de prononcer sur la compétence, et que l'affaire sera en état d'être jugée sous ce rapport.

ART. 96.

L'assignation en reprise d'instance sera donnée aux délais fixés par les articles 3 et 16 ci-dessus.

ART. 97.

La partie assignée sera tenue de reprendre l'instance dans lesdits délais par un simple acte d'avocat à avocat; et, faute par elle de l'avoir reprise dans ces délais, il sera passé outre au jugement de l'affaire, sur la simple représentation de l'assignation en reprise d'instance.

Si celui que la partie réassignée représente n'avait produit ni fait signifier sa première requête avant son décès, la décision qui interviendra sera rendue par défaut.

Elle sera réputée contradictoire dans le cas où il y aurait eu production ou signification de la première requête, et elle ne pourra être attaquée que par la voie du recours au Conseil d'État.

ART. 98.

A défaut d'une déclaration expresse, l'instance sera tenue pour reprise avec la partie qui aura été assignée pour la reprendre, en vertu du premier acte qu'elle fera signifier dans ladite instance.

ART. 99.

La partie qui voudra reprendre l'instance sans attendre qu'elle soit assignée à cet effet, le déclarera aux autres parties par un simple acte d'avocat à avocat, qui vaudra reprise; après quoi elle procédera en ladite instance selon les derniers errements.

ART. 100.

Si le demandeur est décédé avant que le défendeur ait signifié sa défense, les héritiers, successeurs ou ayants cause du demandeur reprendront l'instance par un simple acte signé de leur avocat et déposé au secrétariat du conseil, et pourront ensuite poursuivre une décision par défaut contre le défendeur.

ART. 101.

Si toutes les parties en cause sont décédées, ceux qui voudront reprendre l'instance seront censés l'avoir reprise en assignant les héritiers des autres parties en reprise d'instance.

ART. 102.

Il ne sera point besoin de signifier les décès, démissions, interdictions ni destitutions des avocats; les procédures faites et les décisions obtenues depuis seront nulles, s'il n'y a constitution de nouvel avocat.

L'assignation en constitution de nouvel avocat et lesdites constitutions se feront suivant les règles prescrites par les articles 96 et 97 ci-dessus pour les reprises d'instance.

ART. 103.

S'il survient quelque difficulté sur la constitution de nouvel avocat, la contestation sera instruite et jugée comme les autres incidents préliminaires, ainsi qu'il a été ci-dessus réglé par les articles 83, 84 et 85.

§ 5. Du désaveu.

ART. 104.

La partie qui voudra former un désaveu relativement à des procédures faites en son nom, et qui peuvent influer sur la décision de sa cause, présentera à cet effet requête au gouverneur.

ART. 105.

Cette requête contiendra l'énonciation des actes désavoués et les motifs du désaveu, et sera signée de la partie ou de son fondé de pouvoir spécial et d'un avocat au conseil : elle sera communiquée au rapporteur, pour y être statué dans une des plus prochaines séances du conseil.

ART. 106.

Si le conseil estime qu'il n'y a pas lieu d'accorder la permission de former le désaveu, il rejettera la requête.

Pourra néanmoins le conseil ordonner, s'il le juge convenable, que la requête en désaveu demeurera jointe au fond pour y être fait droit lors de la décision .définitive.

ART. 107.

Si le conseil estime que le désaveu mérite d'être instruit, il ordonnera la communication de la requête aux parties, et surseoira, s'il y a lieu, à toute poursuite jusqu'au jugement du désaveu.

ART. 108.

Si le désaveu concerne des procédures ou des actes faits ailleurs qu'au conseil, la décision qui ordonnera la communication de la requête aux parties renverra, en outre, l'instruction et le jugement devant les juges compétents, pour y être statué dans les formes ordinaires et dans un délai qui sera réglé par la décision du conseil.

Sur le vu du jugement qui aura statué sur le désaveu, ou faute de le rapporter après l'expiration du délai réglé par la décision du conseil, il sera passé outre à la poursuite et à la décision définitive de l'instance pendante au conseil.

ART. 109.

Si le désaveu est relatif à des procédures ou des actes faits au conseil, la requête et la décision seront signifiées dans la huitaine, à compter du jour de ladite décision, par acte d'avocat à avocat, tant à l'avocat contre lequel le désaveu est dirigé qu'aux autres avocats de la cause : cette signification vaudra sommation de défendre au désaveu.

ART. 110.

L'avocat contre lequel le désaveu sera dirigé, et les autres avocats de la cause, devront fournir leurs défenses au désaveu dans le délai de huitaine, à compter du jour de ladite signification; après ce délai, il sera passé outre à la décision du désaveu à la plus prochaine des séances du conseil, sauf aux parties à fournir, avant ladite décision, telles autres observations qu'elles jugeront convenables.

ART. 111.

Si le désaveu est déclaré valable, l'acte, ou les dispositions de l'acte relatives aux chefs qui ont donné lieu au désaveu, demeureront annulés et comme non avenus. Le désavoué sera condamné envers le demandeur et les autres parties en tous dommages-intérêts, même puni d'interdiction ou poursuivi extraordinairement, suivant la gravité des cas et la nature des circonstances.

ART. 112.

Si le désaveu est rejeté, le demandeur pourra être condamné envers le désavoué et les autres parties en tels dommages et réparations qu'il appartiendra.

§ 6. De l'inscription de faux.

ART. 113.

La partie qui voudra s'inscrire en faux contre une pièce produite devant le conseil le déclarera par une requête adressée au gouverneur.

ART. 114.

Sur l'exposé du rapporteur, le gouverneur rendra, au bas ou en marge de ladite requête, un arrêté portant que la partie qui a produit ladite pièce sera tenue de déclarer, dans un délai qui sera déterminé par ledit arrêté, si elle entend s'en servir.

ART. 115.

Si la partie ne satisfait pas à cet arrêté, ou si elle déclare, par requête signifiée à l'avocat de la partie qui veut s'inscrire en faux, qu'elle n'entend pas se servir de la pièce, la pièce sera rejetée.

ART. 116.

Si la partie fait, au contraire, dans la forme ci-dessus, la déclaration qu'elle entend se servir de la pièce, le conseil statuera, sur l'exposé du rapporteur.

Si le conseil est d'avis que la pièce arguée de faux est sans influence sur le résultat de l'instance, et si d'ailleurs l'affaire est en état, il prononcera la décision définitive ou rejettera la requête, tous droits et actions demeurant réservés au demandeur en faux, pour les faire valoir devant qui de droit.

ART. 117.

Si le conseil juge, au contraire, que la décision définitive peut dépendre de la pièce arguée de faux, il renverra les parties devant le tribunal compétent, pour être statué sur l'inscription de faux dans les formes ordinaires et dans le délai qui sera déterminé par la décision de renvoi; il ordonnera, en même temps, qu'il sera sursis à la poursuite et à la décision de l'instance principale jusqu'après le jugement du faux. A l'expiration du délai, et s'il n'a point été accordé de prolongation, ou sur le vu du jugement qui aura statué sur le faux, il sera passé outre à la poursuite et à la décision définitive de l'instance pendante en conseil.

§ 7. Des récusations.

ART. 118.

Les récusations pourront être faites dans les cas prévus par les articles 378, 379, 380 et 381 du Code de procédure civile [1].

ART. 119.

Elles seront proposées par requête adressée au gouverneur et

[1] Art. 378. Tout juge peut être récusé pour les causes ci-après :

1° S'il est parent ou allié des parties ou de l'une d'elles jusqu'au degré de cousin issu de germain inclusivement;

2° Si la femme du juge est parente ou alliée de l'une des parties, ou si le juge est parent ou allié de la femme d'une des parties, au degré ci-dessus, lorsque la femme est vivante, ou qu'étant décédée il en existe des enfants : si elle est décédée et qu'il n'y ait point d'enfants, le beau-père, le gendre ni les beaux-frères ne pourront être juges : la disposition relative à la femme décédée s'appliquera à la femme divorcée, s'il existe des enfants du mariage dissous;

3° Si le juge, sa femme, leurs ascendants et descendants ou alliés dans la même ligne ont un différend sur pareille question que celle dont il s'agit entre les parties;

4° S'ils ont un procès en leur nom dans un tribunal où l'une des parties sera jugée; s'ils sont créanciers ou débiteurs d'une des parties;

5° Si, dans les cinq ans qui ont précédé la récusation, il y a eu procès criminel entre eux et l'une des parties, ou son conjoint, ou ses parents ou alliés en ligne directe;

6° S'il y a procès civil entre le juge, sa femme, leurs ascendants et descendants ou alliés dans la même ligne, et l'une des parties, et que ce procès, s'il a été intenté par la partie, l'ait été avant l'instance dans laquelle la récusation est proposée; si, ce procès étant terminé, il ne l'a été que dans les six mois précédant la récusation;

7° Si le juge est tuteur, subrogé tuteur ou curateur, héritier présomptif ou donataire, maître ou commensal de l'une des parties; s'il est administrateur de quelque établissement, société ou direction partie dans la cause; si l'une des parties est sa présomptive héritière;

8° Si le juge a donné conseil, plaidé ou écrit sur le différend; s'il en a précédemment connu comme juge ou comme arbitre; s'il a sollicité, recommandé ou fourni aux frais du procès; s'il a déposé comme témoin; si, depuis le commencement du procès, il a bu ou mangé avec l'une ou l'autre des parties dans leur maison, ou reçu d'elles des présents;

9° S'il y a inimitié capitale entre lui et l'une des parties; s'il y a eu de sa part agressions, injures ou menaces, verbalement ou par écrit, depuis l'instance ou dans les six mois précédant la récusation proposée.

Art. 379. Il n'y aura pas lieu à récusation dans le cas où le juge serait parent du tuteur ou du curateur de l'une des deux parties, ou des membres ou administrateurs d'un établissement, société, direction ou union, partie dans la cause, à moins que lesdits tuteurs, administrateurs ou intéressés n'aient un intérêt distinct ou personnel.

Art. 380. Tout juge qui saura cause de récusation en sa personne sera tenu de le déclarer à la chambre, qui décidera s'il doit s'abstenir.

Art. 381. Les causes de récusation relatives aux juges sont applicables au ministère public lorsqu'il est partie jointe; mais il n'est pas récusable lorsqu'il est partie principale.

communiquée administrativement à celui qui aura été récusé, pour être, par lui, fait sa déclaration sur les moyens de récusation ; à l'effet de quoi, il sera entendu au conseil avant la décision sur la récusation, sans autre formalité, et sans qu'il puisse être fait à ce sujet aucune procédure.

ART. 120.

Celui dont la demande en récusation aura été déclarée inadmissible, ou qui en aura été débouté faute de preuves, sera condamné à trois cents francs d'amende envers le trésor de la colonie.

§ 8. Du désistement.

ART. 121.

Le désistement des instances formées devant le conseil sera fait et accepté dans les formes prescrites par les articles 402 et 403 du Code de procédure civile[1] sur les désistements.

§ 9. De la péremption.

ART. 122.

Toute instance devant le conseil sera éteinte par la discontinuation des poursuites pendant trois ans : ce délai sera augmenté de

[1] Art. 402. Le désistement peut être fait et accepté par de simples actes signés des parties ou de leurs mandataires, et signifiés d'avoué à avoué.

Art. 403. Le désistement, lorsqu'il aura été accepté, emportera de plein droit consentement que les choses soient remises de part et d'autre au même état qu'elles étaient avant la demande.

Il emportera également soumission de payer les frais, au payement desquels la partie qui se sera désistée sera contrainte, sur simple ordonnance du président mise au bas de la taxe, parties présentes, ou appelées par acte d'avoué à avoué.

Cette ordonnance, si elle émane d'un tribunal de première instance, sera exécutée nonobstant opposition ou appel ; elle sera exécutée nonobstant opposition, si elle émane d'une cour royale.

six mois dans tous les cas où il y aura lieu à demande en reprise d'instance ou constitution de nouvel avocat.

ART. 123.

Dans les cas où il y a lieu à arrêté de soit communiqué, les poursuites ne seront censées commencées que du jour de la notification dudit arrêté.

ART. 124.

Les dispositions des articles 398, 399, 400 et 401 du Code de procédure civile [1], sur la péremption, sont applicables aux péremptions d'instance devant le conseil privé.

SECTION VIII.

DU RECOURS AU CONSEIL PRIVÉ CONTRE LES DÉCISIONS CONTRADICTOIRES.

ART. 125.

Les décisions contradictoires ne pourront être rétractées par le conseil privé que lorsqu'elles ne seront plus susceptibles d'être attaquées par la voie du recours au Conseil d'État, et seulement pour les causes ci-après :

1° S'il y a eu dol personnel;

2° Si l'on a jugé sur pièces reconnues ou déclarées fausses depuis la décision;

[1] Art. 398. La péremption courra contre l'État, les établissements publics, et toutes personnes, même mineures, sauf leur recours contre les administrateurs et tuteurs.

Art. 399. La péremption n'aura pas lieu de droit; elle se couvrira par les actes valables faits par l'une ou l'autre des parties avant la demande en péremption.

Art. 400. Elle sera demandée par requête d'avoué à avoué, à moins que l'avoué ne soit décédé, ou interdit, ou suspendu, depuis le moment où elle a été acquise.

Art. 401. La péremption n'éteint pas l'action; elle emporte seulement extinction de la procédure, sans qu'on puisse, dans aucun cas, opposer aucun des actes de la procédure éteinte, ni s'en prévaloir.

En cas de péremption, le demandeur principal est condamné à tous les frais de la procédure périmée.

3° Si la partie a été condamnée faute d'avoir représenté une pièce décisive qui était retenue par son adversaire.

Il ne pourra être reçu de requête en rétractation pour d'autres causes, et l'avocat qui en présenterait sera puni d'une amende de cent francs à cinq cents francs, et même, en cas de récidive, de suspension ou de destitution.

ART. 126.

La demande en rétractation, dans les trois cas ci-dessus énoncés, sera formée par requête adressée au gouverneur et déposée au secrétariat du conseil privé dans les délais prescrits par l'article 3 de la présente ordonnance.

ART. 127.

Ces délais courront du jour où, soit le faux, soit le dol, auront été reconnus ou les pièces découvertes, pourvu que, dans ces deux derniers cas, il y ait preuve par écrit du jour et non autrement.

Ces délais seront suspendus pendant tout le temps que la voie du recours au Conseil d'État restera ouverte.

ART. 128.

La requête en rétractation d'aucune partie autre que celle qui stipule les intérêts de l'État ne sera reçue, si, avant que cette requête ait été présentée, il n'a été consigné une somme de trois cents francs pour amende et cent cinquante francs pour les indemnités de la partie, sans préjudice de plus amples dommages-intérêts, s'il y a lieu ; la consignation sera de moitié, si la décision est par défaut ou par forclusion.

ART. 129.

Le recours d'ailleurs sera admis ou rejeté dans la forme prescrite par les articles 8 et 9 de la présente ordonnance.

ART. 130.

S'il intervient un arrêté de soit communiqué, la signification en sera faite au défendeur de la manière suivante, savoir :

Si le recours contre la décision contradictoire a été admis dans les six mois du jour où cette décision a été rendue, et si l'avocat qui a occupé pour le défendeur dans la première instance exerce encore ses fonctions, la signification sera faite au domicile de cet avocat, qui sera tenu d'occuper sur le recours, sans qu'il soit besoin d'un nouveau pouvoir. Dans ce cas, le délai pour la signification de l'arrêté de soit communiqué ne sera que de huitaine, à compter du jour dudit arrêté de soit communiqué.

Néanmoins il pourra être ordonné, par cet arrêté, que la signification en sera faite à personne ou à domicile, et, dans ce cas, l'arrêté fixera les délais pour la signification et la défense.

Si l'avocat qui a occupé dans la première instance pour le défendeur à la demande en rétractation n'exerce plus ses fonctions, ou si le recours contre la décision contradictoire n'a été admis qu'après les six mois de la décision, la signification de l'arrêté de soit communiqué sera faite aux défendeurs, à personne ou à domicile, dans les formes et les délais et suivant les règles fixés par l'article 12 ci-dessus pour la signification de l'arrêté de soit communiqué.

Les autres formalités prescrites pour les instances ordinaires seront observées dans les instances en recours contre les décisions contradictoires.

ART. 131.

La décision qui rejettera la requête en rétractation condamnera le demandeur à l'amende et à l'indemnité ci-dessus fixées, sans préjudice de plus amples dommages-intérêts, s'il y a lieu.

ART. 132.

Lorsqu'il aura été statué sur un premier recours contre une

décision contradictoire, un second recours contre la même décision ne sera pas recevable; l'avocat qui aurait présenté la requête sera puni de l'une des peines prononcées en l'article 125 de la présente ordonnance.

SECTION IX.

DE LA TIERCE OPPOSITION.

ART. 133.

Une partie peut former tierce opposition à une décision qui préjudicie à ses droits, et lors de laquelle ni elle, ni celle qu'elle représente, n'ont été appelées.

La tierce opposition formée par action principale sera instruite et décidée dans la forme des actions principales.

La tierce opposition incidente sera formée, instruite et jugée dans la forme des demandes incidentes.

ART. 134.

La tierce opposition ne sera point suspensive, à moins qu'il n'en soit autrement ordonné.

ART. 135.

L'arrêté de soit communiqué, s'il en survient un, sera signifié dans les formes et dans les délais prescrits par l'article 130 ci-dessus pour la signification des arrêtés de soit communiqué rendus sur un recours contre une décision contradictoire.

ART. 136.

La partie qui succombera dans la tierce opposition sera condamnée en cent cinquante francs d'amende, sans préjudice des dommages-intérêts de l'autre partie, s'il y a lieu.

SECTION X.

DU MODE PARTICULIER DE PROCÉDER À L'ÉGARD DES DEMANDES CONCERNANT LES CON-
CESSIONS DE PRISE D'EAU ET LES SAIGNÉES À FAIRE AUX RIVIÈRES POUR L'ÉTABLIS-
SEMENT DES USINES, L'IRRIGATION DES TERRES ET TOUS AUTRES USAGES.

ART. 137.

Les demandes concernant les concessions de prise d'eau et les saignées à faire aux rivières pour l'établissement des usines, l'irrigation des terres et tous autres usages, seront formées par une requête adressée au gouverneur en conseil privé, à laquelle seront jointes toutes les pièces à l'appui.

Cette requête pourra être signée par la partie elle-même ou par un fondé de pouvoir spécial, sans qu'il soit nécessaire d'employer le ministère d'un avocat au conseil privé.

Elle sera transmise au directeur général de l'intérieur, qui sera chargé de la faire afficher pendant six semaines dans la commune où doit être établie la prise d'eau et dans les communes environnantes.

Pendant ce délai, tout particulier sera admis à présenter ses moyens d'opposition.

Après ce délai expiré, s'il n'y a pas d'opposition, le directeur général de l'intérieur, après avoir pris l'avis de l'ingénieur en chef, et recueilli, tant auprès des autorités locales qu'auprès des parties intéressées, tous les renseignements nécessaires, fera le rapport de l'affaire au conseil, et la concession sera accordée, s'il y a lieu, sans autres procédures ni formalités.

Si, avant que la décision intervienne, il y a des oppositions, elles ne pourront être formées que par une requête adressée au gouverneur et signée par un avocat au conseil. Ces oppositions seront suivies et jugées par le conseil, dans la forme et suivant les règles des instances ordinaires.

La décision qui interviendra ne pourra être attaquée que par l'appel devant le Conseil d'État.

Toutefois, la voie de tierce opposition est réservée à ceux qui se croiraient lésés par la décision intervenue et dans laquelle ils n'auraient pas figuré.

CHAPITRE II.
DU RECOURS AU CONSEIL D'ÉTAT.

ART. 138.

Lorsqu'une partie sera dans l'intention de se pourvoir au Conseil d'État contre une décision du conseil privé rendue contradictoirement ou sur requête dans les cas prévus par les articles 9 et 14 de la présente ordonnance, elle sera tenue d'en faire la déclaration au secrétariat du conseil privé.

Cette déclaration énoncera sommairement les moyens du recours, et sera inscrite sur un registre particulier par ordre de dates et de numéros.

ART. 139.

La déclaration de la partie devra être faite, soit par l'avocat qui aura occupé pour elle dans l'instance, soit par cette partie elle-même, assistée d'un avocat au conseil privé, soit par un mandataire muni d'un pouvoir spécial, également assisté d'un avocat au conseil privé.

Les déclarations de recours, dans l'intérêt du Gouvernement. seront faites et signées par le contrôleur colonial.

ART. 140.

Toute déclaration de recours devra, à peine de déchéance, être faite dans les deux mois, à compter du jour de la décision contre laquelle on veut se pourvoir.

ART. 141.

Dans les huit jours de ladite déclaration, l'expédition en sera remise à l'avocat de la partie, qui en donnera récépissé en marge du registre sur lequel cette déclaration aura été inscrite.

Cette expédition sera signée du secrétaire archiviste, et timbrée du sceau du conseil.

Dans les huit jours de cette remise, signification de ladite expédition sera faite, tant à l'avocat du défendeur au recours qu'à ce défendeur lui-même, dans les délais et suivant les règles déterminés par l'article 12 ci-dessus pour la signification de l'arrêté de soit communiqué. Cette signification vaudra sommation au défendeur au recours de constituer avocat aux conseils du Roi, à l'effet de défendre, s'il y a lieu, devant le Conseil d'État.

ART. 142.

Le défendeur au recours devra constituer avocat aux conseils du Roi dans les délais suivants, qui courront du jour de la signification à lui faite, par le demandeur, de sa déclaration en recours, savoir :

Lorsque la signification aura été faite à la Martinique, à la Guadeloupe ou à la Guyane française, les délais pour constituer avocat devant le Conseil d'État seront, savoir :

1° De quatre mois, si le défendeur demeure à la Martinique, à la Guadeloupe, dans les autres Antilles, à la Guyane française ou en Europe;

2° De huit mois, si le défendeur demeure dans les autres pays situés à l'ouest du cap de Bonne-Espérance et à l'est du cap Horn;

3° De cinq mois, si le défendeur demeure dans les pays situés à l'est du cap de Bonne-Espérance et à l'ouest du cap Horn.

Lorsque la signification aura été faite à l'île Bourbon, les délais pour constituer avocat en France seront :

1° De huit mois, si le défendeur demeure à l'île de Bourbon ou dans ses dépendances;

2° D'un an, si le défendeur demeure dans tout autre lieu.

L'avocat ainsi constitué sera tenu d'en faire la déclaration au secrétariat du Conseil d'État.

ART. 143.

La requête en recours sera déposée, à peine de déchéance, au secrétariat du Conseil d'État, dans les formes ordinaires et dans les délais suivants, qui courront du jour de la signification de la déclaration du recours dans la colonie, savoir :

Si la signification de la déclaration du recours a été faite dans une des colonies de la Martinique, de la Guadeloupe ou de la Guyane française, le délai pour déposer la requête en recours au Conseil d'État sera de quatre mois, à compter de ladite déclaration.

Si ladite signification a été faite dans la colonie de Bourbon, le délai pour déposer la requête en recours au Conseil d'État sera de huit mois, à compter de ladite signification.

Dans tous les cas, une expédition ou une copie signifiée de la décision attaquée, une expédition de la déclaration de recours, et l'original de la signification de cette déclaration, seront joints à la requête en recours, à peine de nullité.

ART. 144.

L'ordonnance de soit communiqué obtenue par le demandeur sera signifiée dans les délais et au domicile ci-après indiqués, savoir :

1° Si le défendeur ne demeure pas en France, et qu'il ait constitué avocat, elle sera signifiée au domicile de cet avocat;

2° Si le défendeur ne demeure pas en France et qu'il n'ait pas constitué d'avocat, elle sera signifiée au domicile d'un avocat d'office dont la désignation aura lieu ainsi qu'il sera prescrit par l'article suivant; mais il ne pourra être obtenu de défaut que quinze jours après l'expiration des délais accordés au défendeur par l'article 142 ci-dessus pour constituer avocat aux conseils du Roi.

Les décisions par défaut seront signifiées au domicile de l'avocat d'office, et les oppositions seront formées dans le délai de trois mois, dans quelque lieu que les parties soient domiciliées;

3° Si le défendeur demeure en France, soit qu'il ait ou qu'il n'ait pas constitué avocat, l'ordonnance de soit communiqué sera signifiée à personne ou à domicile, dans les trois mois à compter de sa date, et, dans ce cas, les délais pour produire les défenses seront ceux déterminés par l'article 4 du règlement du 22 juillet 1806.

ART. 145.

Notre ministre de la marine désignera un des avocats en nos conseils pour recevoir toutes les significations qui seront faites dans les cas prévus par le n° 2 de l'article précédent, ainsi que toutes autres significations qui pourraient avoir lieu par suite de l'instance au Conseil d'État; cet avocat ne pourra jamais occuper pour les demandeurs en recours.

Nonobstant cette désignation, les défendeurs auront toujours la faculté de constituer tel autre avocat qu'ils jugeront convenable; et, dans ce cas, les pièces lui seront remises sans frais.

ART. 146.

Le recours au Conseil d'État contre les décisions incidentes ne pourra être formé qu'après la décision définitive, conjointement avec le recours contre cette décision et par la même requête; néanmoins, en cas de désaveu, l'avocat contre lequel le désaveu aura été admis pourra se pourvoir avant la décision définitive sur l'instance principale.

ART. 147.

Les autres règles établies par les lois et ordonnances en vigueur dans le royaume, pour l'instruction et le jugement des affaires portées à notre Conseil d'État, seront suivies à l'égard des recours contre les décisions du conseil du contentieux administratif des colonies.

TITRE II.

DU MODE DE PROCÉDER DEVANT LE CONSEIL PRIVÉ CONSTITUÉ EN COMMISSION D'APPEL, ET DU POURVOI EN CASSATION CONTRE SES ARRÉTS.

CHAPITRE PREMIER.

DU MODE DE PROCÉDER DEVANT LA COMMISSION D'APPEL.

ART. 148.

La commission d'appel sera saisie des délits de sa compétence par le dépôt, au secrétariat du conseil privé, des requêtes et pièces du procès ; ces pièces y seront envoyées par le procureur du Roi près le tribunal qui aura rendu le jugement, dans les vingt-quatre heures après la déclaration ou la remise de la notification d'appel.

Si celui contre qui le jugement a été rendu est en état d'arrestation, il sera dans le même délai, et par ordre du procureur du Roi, transféré dans la maison du lieu où siége le conseil privé.

ART. 149.

Le gouverneur, sur la requête qui lui sera présentée, soit par le contrôleur colonial, soit par les parties intéressées, rendra une ordonnance indicative du jour où l'affaire sera portée devant la commission d'appel.

7.

ART. 150.

L'ordonnance indicative du jour d'audience sera remise de suite par le secrétaire du conseil au contrôleur colonial, qui la fera notifier sans retard aux parties intéressées, soit à personne, au lieu de leur domicile ou de leur résidence dans la colonie; soit au lieu de leur dernier domicile ou de leur dernière résidence connue dans ladite colonie, si elles n'y sont domiciliées ni présentes; soit au domicile élu par l'acte d'appel; et enfin, dans le cas où il n'y aurait ni domicile élu ni résidence connue, et où la notification ne pourrait être faite à personne, elle aura lieu au parquet du procureur général, qui transmettra la copie ainsi qu'il est dit en l'article 3 ci-dessus.

ART. 151.

Il y aura toujours un délai de quinze jours au moins entre la date de l'ordonnance portant fixation d'audience et l'audience indiquée; ce délai sera augmenté d'un jour par trois myriamètres de distance entre le lieu des séances de la commission et celui du domicile ou de la résidence de la partie dans la colonie.

ART. 152.

Dans les huit jours au plus tard de la notification de l'ordonnance indicative du jour d'audience, le contrôleur colonial remettra au secrétariat du conseil ses réquisitions, et la partie civile, ses conclusions motivées.

Les prévenus et les personnes civilement responsables pourront en prendre communication, mais sans déplacement, et produire tous mémoires et demandes qu'ils jugeront convenables, jusqu'au jour de l'audience.

ART. 153.

Les conclusions, requêtes et mémoires de la partie civile, des

prévenus et des personnes civilement responsables, devront être
signés par un avocat au conseil, sous peine de rejet.

Dans le cas où les avocats au conseil auraient refusé d'occuper
pour une partie, elle pourra se pourvoir auprès du gouverneur,
qui lui en désignera un d'office; le gouverneur devra également
désigner un avocat d'office aux personnes dans l'indigence ou no-
toirement insolvables.

ART. 154.

L'appel sera jugé sur le rapport de l'un des membres de la
commission, et l'audience sera publique, à peine de nullité :
toutefois le nombre des assistants ne pourra excéder le triple de
celui des membres de la commission d'appel.

ART. 155.

Le rapporteur ou le secrétaire du conseil donnera lecture des
·equêtes et mémoires des parties et des autres pièces du procès.

Le contrôleur colonial lira ses réquisitions; il pourra toujours
les modifier : lorsqu'il usera de cette faculté, la commission d'appel
ordonnera, si elle le juge à propos, que les nouvelles réquisitions
seront déposées, sans délai, au secrétariat du conseil, pour y
être communiquées aux parties intéressées, à qui il sera donné
avis de ce dépôt par le secrétaire du conseil.

Dans ce cas, l'affaire sera renvoyée à tel autre jour d'audience
que la commission d'appel indiquera.

ART. 156.

Immédiatement après la lecture de ses réquisitions, le contrôleur colonial les déposera sur le bureau; la commission d'appel
se retirera pour délibérer à huis clos, hors de la présence du contrôleur et du secrétaire.

ART. 157.

Sauf le cas de preuve légale résultant de procès-verbaux régu-

liers et faisant foi jusqu'à inscription de faux, ou jusqu'à preuve
contraire, les membres de la commission d'appel se décideront
d'après leur intime conviction puisée dans les informations, les
pièces de l'instruction et les notes tenues à l'audience du tribunal
de première instance.

ART. 158.

La commission d'appel pourra ordonner, avant faire droit,
tous actes d'instruction et de poursuites, et commettre, pour y
procéder, selon le mode et les formes déterminés par les ordonnances en vigueur, soit un de ses membres, soit un ou plusieurs
officiers de police judiciaire qu'elle désignera.

ART. 159.

Les parties civiles, les prévenus et les personnes civilement
responsables qui n'auront pas produit leurs mémoires et conclusions avant le jour d'audience indiqué, seront jugés par défaut.

ART. 160.

L'arrêt par défaut sera comme non avenu si, dans les cinq
jours de la signification qui en aura été faite aux parties défaillantes, suivant les règles déterminées par l'article 150, elles y
forment opposition, et notifient cette opposition tant au contrôleur colonial qu'aux autres parties intéressées, avec élection de
domicile au lieu où siége la commission d'appel.

Les frais de l'expédition, de la signification de l'arrêt par défaut, de l'opposition et des notifications prescrites par l'article
suivant, demeureront à la charge du défaillant.

ART. 161.

Le gouverneur, sur la demande du contrôleur colonial, fixera
le délai dans lequel l'affaire devra de nouveau être portée devant
la commission d'appel; ce délai ne pourra être moindre de cinq
jours.

L'ordonnance sera notifiée dans les quarante-huit heures, à la requête du contrôleur colonial, aux parties intéressées, aux domiciles par elles élus.

ART. 162.

Le contrôleur colonial déposera ses conclusions au secrétariat du conseil privé, deux jours au moins avant l'audience indiquée.

ART. 163.

L'opposant sera tenu de produire ses moyens avant le jour d'audience indiqué; sinon, il sera déclaré non recevable dans son opposition. Dans aucun cas, l'arrêt qui aura statué sur une première opposition ne sera susceptible d'opposition.

ART. 164.

Si le jugement dévolu à la commission d'appel est réformé, parce que le fait n'est réputé ni délit ni contravention par aucune loi, la commission renverra le prévenu, et statuera, s'il y a lieu, sur ses dommages-intérêts.

ART. 165.

Si le jugement est annulé pour cause d'incompétence, et si néanmoins le fait paraît caractériser soit un crime, soit un délit ou une contravention, étrangers aux attributions de la commission d'appel, la commission renverra le prévenu devant le procureur du Roi.

ART. 166.

Si le jugement est annulé pour violation non réparée des formes prescrites par la loi à peine de nullité, la commission d'appel statuera sur le fond.

ART. 167.

Lorsque la commission d'appel annulera une instruction, elle pourra ordonner que les frais de la procédure à recommencer seront à la charge de l'officier ou juge instructeur qui aura commis la nullité.

Néanmoins, la présente disposition n'aura lieu que pour des fautes très-graves.

ART. 168.

Les arrêts de la commission d'appel se formeront à la majorité; et, dans le cas où il y aurait égalité de voie, l'avis favorable au prévenu prévaudra.

Les voix seront recueillies dans l'ordre inverse du rang qu'occupe chaque membre du conseil. Le président votera le dernier.

ART. 169.

Les arrêts seront, à peine de nullité, prononcés par le président publiquement, et au jour déterminé par l'ordonnance portant fixation d'audience; sinon, au jour indiqué par un arrêt de renvoi.

ART. 170.

Tout arrêt de condamnation rendu contre le prévenu et les personnes civilement responsables du délit, ou contre la partie civile, les condamnera aux frais, même envers la partie publique.

Les frais seront liquidés par le même arrêt.

ART. 171.

Les arrêts seront motivés : ils énonceront les noms des membres de la commission d'appel, du contrôleur colonial et du secrétaire; les noms, demeures et professions du prévenu, des personnes civilement responsables et de la partie civile; le sommaire des conclusions du contrôleur colonial : le tout à peine de nullité.

ART. 172.

Dans le dispositif de tout arrêt de condamnation seront énoncés, à peine de nullité, les faits dont les inculpés seront jugés coupables ou responsables, la peine et les condamnations civiles.

Le texte de la loi dont on fera l'application sera lu à l'audience par le président : il sera fait mention de cette lecture dans l'arrêt, également à peine de nullité.

Le texte de la loi sera inséré dans l'arrêt.

ART. 173.

Les arrêts seront écrits par le rapporteur, ou par tout autre membre de la commission que le président désignera; la minute en sera signée, au plus tard dans les vingt-quatre heures, par les membres de la commission d'appel qui les auront rendus, à peine de cent francs d'amende contre le secrétaire.

ART. 174.

Le gouverneur pourra toujours, quoique présent, déléguer à l'un des chefs d'administration, membre de la commission d'appel, la direction de l'audience.

ART. 175.

Les arrêts de la commission d'appel seront exécutés à la requête du contrôleur colonial et de la partie civile, chacun en ce qui le concerne.

Néanmoins, les poursuites pour le recouvrement des amendes et confiscations seront faites au nom du contrôleur colonial par le directeur de l'enregistrement et des domaines.

Les arrêts de condamnation seront exécutés dans les délais prescrits par l'article 184 ci-après.

ART. 176.

Il est interdit au secrétaire du conseil privé de délivrer expédition d'un arrêt avant qu'il ait été signé, sous peine d'être poursuivi conformément à l'article 139 du Code de procédure civile [1].

[1] ART. 139. Les greffiers qui délivreront expédition d'un jugement avant qu'il ait été signé seront poursuivis comme faussaires.

ART. 177.

Le secrétaire du conseil privé tiendra un registre des arrêts, lequel sera coté et parafé par le gouverneur.

Le contrôleur colonial se fera représenter, tous les mois, ce registre, ainsi que les minutes des arrêts ; et, en cas de contravention aux articles 173 et 176, il en dressera procès-verbal pour être procédé ainsi qu'il appartiendra.

CHAPITRE II.

DU POURVOI EN CASSATION CONTRE LES ARRÊTS DE LA COMMISSION D'APPEL.

ART. 178.

Les arrêts de la commission d'appel, ainsi que l'instruction et les poursuites qui les auront précédés, pourront être annulés par voie de cassation :

1° Pour violation ou omission de quelques-unes des formalités prescrites, à peine de nullité, par la législation criminelle en vigueur et par la présente ordonnance ;

2° Pour cause d'incompétence ;

3° Pour refus ou omission de prononcer, soit sur une ou plusieurs demandes du prévenu, soit sur une ou plusieurs réquisitions du ministère public, tendant à user d'une faculté ou d'un droit accordé par la loi, bien que la peine de nullité ne fût pas textuellement attachée à l'absence de la formalité dont l'exécution aura été demandée ou requise ;

4° Pour violation ou fausse application des lois pénales en vigueur.

Les nullités de l'instruction et du jugement de première instance ne pourront être opposées devant la cour de cassation qu'autant qu'il en aura été excipé devant la commission d'appel.

ART. 179.

Lorsque la peine prononcée sera la même que celle portée par la loi qui s'applique au délit, nul ne pourra demander l'annulation de l'arrêt, sous le prétexte qu'il y aurait erreur daus la citation du texte de la loi.

ART. 180.

Lorsque le renvoi de la partie poursuivie aura été prononcé, nul ne pourra se prévaloir contre elle de la violation ou omission des formes prescrites pour assurer sa défense.

ART. 181.

Le recours en cassation contre les arrêts préparatoires et interlocutoires, même contre les arrêts rendus sur la compétence, ne sera ouvert qu'après l'arrêt définitif.

L'exécution volontaire de tels arrêts ne pourra, en aucun cas, être opposée comme fin de non-recevoir.

ART. 182.

Les voies de cassation exprimées en l'article 178 sont respectivement ouvertes au condamné, au ministère public et à la partie civile, contre tous arrêts, sans distinction de ceux qui ont prononcé le renvoi de la partie ou sa condamnation, sans préjudice du pourvoi qui peut être exercé dans l'intérêt de la loi par le procureur général près la cour de cassation, soit d'office, soit sur la demande du ministre de la marine.

ART. 183.

Le condamné aura trois jours francs, après celui où l'arrêt aura été prononcé, pour déclarer au secrétariat du conseil privé qu'il se pourvoit en cassation.

Le contrôleur colonial pourra, dans le même délai, déclarer au même secrétariat qu'il demande la cassation de l'arrêt.

8

La partie civile aura aussi le même délai; mais elle ne pourra se pourvoir que quant aux dispositions relatives à ses intérêts civils.

ART. 184.

La condamnation sera exécutée dans les vingt-quatre heures qui suivront les délais mentionnés en l'article précédent, s'il n'y a point de recours en cassation, ou, en cas de recours, dans les vingt-quatre heures de la réception de l'arrêt de la cour de cassation qui aura rejeté la demande, sauf, en cas de pourvoi, l'exception portée en l'article 192 ci-après.

ART. 185.

La déclaration de recours en cassation sera faite au secrétariat du conseil privé par la partie condamnée, et signée d'elle et du secrétaire; et, si le déclarant ne peut ou ne veut signer, le secrétaire en fera mention.

Cette déclaration pourra être faite dans la même forme par l'avocat de la partie condamnée, ou par un fondé de pouvoir spécial : dans ce dernier cas, le pouvoir demeurera annexé à la déclaration.

Elle sera inscrite sur un registre à ce destiné; ce registre sera public, et toute personne aura le droit de s'en faire délivrer des extraits.

ART. 186.

Lorsque le recours en cassation sera exercé, soit par la partie civile, s'il y en a une, soit par le ministère public, ce recours, outre l'inscription énoncée dans l'article précédent, sera notifié à la partie contre laquelle il sera dirigé, dans le délai de huit jours.

Lorsque cette partie sera actuellement détenue, l'acte contenant la déclaration du recours lui sera lu par l'huissier du conseil privé : elle le signera ; et, si elle ne le peut ou ne le veut, l'huissier en fera mention.

Lorsqu'elle sera en liberté, le demandeur en cassation lui notifiera son recours par le ministère d'un huissier, soit à sa personne, soit au domicile par elle élu : le délai de la notification sera, dans ce cas, augmenté d'un jour par chaque distance de trois myriamètres.

ART. 187.

Le partie civile qui se sera pourvue en cassation sera tenue de joindre aux pièces une expédition authentique de l'arrêt.

Elle devra, à peine de déchéance, déposer dans la caisse des consignations de la colonie une amende de trois cents francs, ou de la moitié de cette somme, si l'arrêt a été rendu par défaut. Il en sera de même des condamnés de condition libre et des personnes civilement responsables du délit. Au moyen de cette consignation, et en en justifiant, la partie qui se pourvoiera sera dispensée de toute consignation nouvelle en France.

ART. 188.

Sont dispensés de l'amende les fonctionnaires publics et administrations intéressés à la poursuite.

A l'égard de toutes autres personnes, l'amende sera encourue par celles qui succomberont dans leur recours : seront néanmoins dispensés de la consigner celles qui joindront à leur demande en cassation un certificat d'indigence à elles délivré par le commissaire civil de leur domicile ou par le commissaire commandant de leur commune, visé et approuvé par le directeur général de l'intérieur.

ART. 189.

Le condamné ou la partie civile pourra, dans les dix jours de la déclaration de pourvoi, déposer au secrétariat du conseil privé une requête contenant ses moyens de cassation. Le secrétaire du conseil privé lui en donnera récépissé, et remettra sur-le-champ cette requête au contrôleur colonial.

Néanmoins, le condamné ou la partie civile pourra toujours adresser directement au procureur général près la cour de cassation l'expédition de l'arrêt de condamnation, l'expédition de la déclaration et les autres pièces à l'appui; le tout dûment légalisé.

ART. 190.

Toutes les fois qu'il y aura recours en cassation, le contrôleur colonial transmettra sans retard au ministre de la marine et des colonies l'expédition de l'arrêt, les pièces du procès et les mémoires de défense produits devant le conseil privé, et la requête du condamné ou de la partie civile, s'il en a été déposé.

Le secrétaire archiviste rédigera sans frais et joindra à cet envoi un inventaire des pièces, sous peine de cent francs d'amende, laquelle sera prononcée par la cour de cassation.

Aussitôt après que les pièces auront été reçues à bord d'un bâtiment, le contrôleur colonial sera tenu de mentionner en marge de la déclaration de pourvoi la date de cette remise, le nom du bâtiment et de son capitaine.

ART. 191.

Immédiatement après la réception de ces pièces, le ministre de la marine les adressera au ministre de la justice pour être transmises à la cour de cassation.

ART. 192.

Le recours en cassation sera suspensif de l'exécution de l'arrêt attaqué.

Toutefois, le sursis n'aura lieu qu'à la charge par les condamnés de fournir caution à l'effet d'assurer au besoin le recouvrement du montant des condamnations prononcées.

La caution devra être agréée par le contrôleur colonial.

La commission d'appel pourra cependant ordonner l'exécution provisoire de son arrêt, nonobstant le pourvoi.

Dans ce cas, s'il y a condamnation, il sera procédé à la vente par adjudication publique des objets saisis, à la requête du procureur colonial, poursuites et diligences du directeur des domaines, pour le prix en être déposé ainsi qu'il sera ordonné; si l'arrêt est cassé, et que le prévenu soit ultérieurement acquitté, le prix des objets vendus sera restitué avec les intérêts, au cas où il en aurait été perçu, et sans qu'il puisse être exercé aucune autre répétition contre le trésor.

Si le prévenu est renvoyé des poursuites, l'exécution provisoire ne pourra être ordonnée qu'à la charge de donner caution, laquelle sera également agréée par le contrôleur colonial : le prévenu pourra néanmoins, dans ce cas, requérir qu'il soit procédé à la vente des objets saisis et au dépôt du prix, conformément à ce qui est prescrit au cas de condamnation.

ART. 193.

Si le prévenu est détenu et qu'il y ait pourvoi, il sera, dans tous les cas, admis à fournir caution pour obtenir sa liberté provisoire; le montant et la nature du cautionnement seront fixés par la commission d'appel, et la caution sera discutée par le contrôleur colonial.

ART. 194.

Il sera procédé devant la cour de cassation, sur le pourvoi contre les arrêts des commissions d'appel, conformément aux lois du royaume.

Si l'arrêt et la procédure sont annulés pour cause d'incompétence, la cour de cassation renverra le procès devant les juges qui doivent en connaître et les désignera.

Lorsque l'arrêt sera annulé, parce que le fait qui aura donné lieu à une condamnation se trouvera n'être pas un délit qualifié par la loi, le renvoi, s'il y a partie civile, sera fait devant le tribunal de première instance, dans lequel, toutefois, ne pourront siéger, ni le juge qui aura connu de l'affaire, ni celui qui aura fait l'instruction.

S'il n'y a pas de partie civile, aucun renvoi ne sera prononcé.

TITRE III.

DES OFFICIERS MINISTÉRIELS PRÈS LE CONSEIL.

§ 1er. Des avocats au conseil privé.

ART. 195.

Il y aura près de chaque conseil privé, à la Martinique, à la Guadeloupe et à Bourbon, quatre avocats au conseil qui auront le droit exclusif de faire tous actes d'instruction et de procédure devant le conseil.

A la Guyane française, le nombre de ces avocats ne sera que de deux.

Ces avocats seront choisis parmi les avocats-avoués ou les avoués exerçant dans le chef-lieu de la colonie, ils seront nommés par le gouverneur, sur la présentation du procureur général.

ART. 196.

Les avocats au conseil auront toujours le droit d'assister aux audiences de la commission d'appel, et y occuperont un banc qui leur sera spécialement affecté. Ils seront en costume; ils devront toujours être présents à la prononciation des arrêts rendus dans les affaires dans lesquelles ils auront occupé.

ART. 197.

Ils ne pourront remplir leurs fonctions qu'après avoir prêté devant le conseil privé le serment suivant :

« Je jure d'être fidèle au Roi ; de ne rien dire ou publier de con-
« traire aux lois, ordonnances, arrêts et règlements, aux bonnes
« mœurs, à la sûreté de l'État et à la paix publique ; de ne jamais
« m'écarter du respect dû au conseil et aux autorités publiques,
« et de ne défendre aucune cause que je ne croirai pas juste en
« mon âme et conscience. »

Les avocats au conseil privé qui présenteraient comme contentieuses des affaires qui ne le seraient pas, qui porteraient au conseil privé des affaires qui seraient de la compétence d'une autre autorité, ou qui, soit à l'audience, soit dans les mémoires produits devant le conseil, s'écarteraient des devoirs qui leur sont prescrits, seront, suivant l'exigence des cas, punis de l'une des peines suivantes, savoir : l'avertissement, la réprimande et l'interdiction.

Ces peines seront appliquées en dernier ressort par le conseil privé, d'office, ou sur la réquisition du ministère public, sans préjudice du droit de destitution attribué au gouverneur, qui, dans ce cas, prendra préalablement l'avis du conseil.

ART. 198.

Les avocats au conseil resteront d'ailleurs soumis, quant à la discipline et à tous autres égards, aux règlements actuellement en vigueur.

§ 2. De l'huissier au conseil.

ART. 199.

Les significations d'avocat à avocat, et celles aux parties ayant leur domicile dans le chef-lieu de la colonie, seront faites exclusivement par l'huissier attaché au conseil privé et désigné par le gouverneur.

TITRE IV.

DES DÉPENS.

ART. 200.

Jusqu'à ce que le conseil privé ait proposé un projet de tarif à notre ministre de la marine, qui le soumettra à notre approbation, le tarif qui règle les dépens des avoués en matière ordinaire devant la cour royale sera provisoirement applicable aux avocats au conseil privé, pour tous les actes prévus par la présente ordonnance.

ART. 201.

L'impression d'aucun mémoire ne passera en taxe. Les écritures seront réduites au nombre de rôles qui sera réputé suffisant pour l'instruction de l'instance.

ART. 202.

Les requêtes et mémoires seront écrits correctement et lisiblement en demi-grosse seulement : chaque rôle contiendra au moins cinquante lignes, et chaque ligne douze syllabes au moins; sinon, chaque rôle où il se trouvera moins de lignes et de syllabes sera rayé en entier, et l'avocat sera tenu de restituer ce qui lui aurait été payé à raison de ces rôles.

ART. 203.

Les copies signifiées des requêtes et mémoires ou autres actes seront écrites lisiblement et correctement; elles seront conformes aux originaux, et l'avocat sera responsable de leur exactitude.

ART. 204.

Les écritures des parties, signées par les avocats au conseil,

seront sur papier timbré, dans les colonies où il est en usage;
les pièces par elles produites ne seront pas sujettes au droit d'enregistrement, à l'exception des exploits d'huissier, pour chacun
desquels il sera perçu un droit d'un franc.

Néanmoins, cette disposition ne dispense pas les pièces produites devant le conseil des droits d'enregistrement auxquels
l'usage qui en serait fait ailleurs pourrait donner ouverture.

Il en sera de même à l'égard des droits d'enregistrement des
pièces produites devant le conseil, qui, par leur nature, sont sou-
mises à l'enregistrement dans un délai fixe.

ART. 205.

Il ne sera employé dans la liquidation des dépens aucuns frais
de voyage, séjour et retour des parties, ni aucuns frais de voyage
d'huissier au delà d'une journée.

ART. 206.

La liquidation et la taxe des dépens seront faites par le procureur général, ou par l'un des magistrats qui auraient été appelés à faire partie du conseil privé, sauf révision par le conseil
privé sur la demande des parties intéressées.

TITRE V.
DISPOSITIONS GÉNÉRALES.

—

ART. 207.

Les deux membres de l'ordre judiciaire que le conseil privé
doit s'adjoindre lorsqu'il se constitue en conseil du contentieux
administratif ou en commission d'appel, conformément à nos
ordonnances sur le gouvernement de nos colonies, seront nommés
au commencement de chaque semestre, et appelés à ce service
pendant sa durée.

ART. 208.

Le contrôleur colonial sera tenu, dans les vingt premiers jours des mois de janvier et de juillet de chaque année, de remettre au gouverneur, pour être adressés à notre ministre de la marine, deux états numériques relatifs au service du semestre précédent, l'un pour le conseil du contentieux administratif, l'autre pour la commission d'appel.

ART. 209.

L'état relatif au conseil du contentieux administratif comprendra :

1° Les demandes inscrites au secrétariat ;
2° Les arrêtés de soit communiqué rendus ;
3° Les décisions par défaut ;
4° Les décisions préparatoires ou interlocutoires ;
5° Les décisions définitives ;
6° Les affaires terminées par désistement ou par transaction ;
7° Les affaires restant à juger ;
8° Les affaires arriérées, en désignant, par ordre de numéro, chaque affaire en retard, ainsi que l'année et le semestre auxquels elles appartiennent.

Il sera fait mention, dans la colonne d'observations, des motifs du retard apporté au jugement de ces affaires.

Seront réputées causes arriérées celles qui ne seront pas vidées dans les trois mois du jour de leur inscription au rôle du conseil ;

Enfin les déclarations de recours au Conseil d'État.

ART. 210.

L'état relatif à la commission d'appel comprendra, savoir :

1° Les arrêts définitifs, en distinguant ceux qui auront prononcé l'emprisonnement, et avec mention, pour chaque affaire,

du nom des prévenus, de la nature du délit, et de la peine prononcée en cas de condamnation.

Il sera également fait mention de la durée de chaque session.

2° Les noms, âge, sexe et profession des détenus attendant
jugement, et des détenus par suite de condamnation, en distinguant les étrangers et regnicoles, les blancs, les gens de couleur
libres et les esclaves;

3° Les déclarations de pourvoi en cassation qui auront eu lieu,
et les mesures provisoires qui auront été prises à la suite.

ART. 211.

Les états dressés au secrétariat du conseil privé seront certifiés
par le secrétaire archiviste et visés par le contrôleur colonial.

ART. 212.

Les membres du conseil devront siéger dans le costume qui est
attribué aux fonctions qu'ils exercent dans les colonies.

Les avocats ne seront admis à l'audience qu'en robe.

ART. 213.

Toutes dispositions contraires à la présente ordonnance sont
et demeurent abrogées.

ART. 214.

Notre ministre secrétaire d'État de la marine et des colonies
est chargé de l'exécution de la présente ordonnance.

Donné en notre château des Tuileries, le 31° jour du mois
d'août de l'an de grâce 1828, et de notre règne le quatrième.

Signé CHARLES.

Par le Roi :

Le Ministre Secrétaire d'État de la marine et des colonies,
Signé B⁰ⁿ HYDE DE NEUVILLE.

ORDONNANCE DU ROI

QUI RECTIFIE LES ARTICLES 141 ET 143 DE L'ORDONNANCE DU 31 AOÛT 1828,

POUR LE MODE DE PROCÉDER

DEVANT

LES CONSEILS PRIVÉS DES COLONIES.

A Paris, le 26 février 1838.

LOUIS-PHILIPPE, Roi des Français,

Vu l'article 3, n° 1, de la loi du 24 avril 1833, concernant le régime législatif des colonies;

Vu les articles 141 et 143 de l'ordonnance royale du 31 août 1828, sur le mode de procéder devant les conseils privés des colonies constitués en conseils du contentieux;

Attendu la nécessité de rectifier des erreurs qui se sont glissées dans le texte desdits articles;

Sur le rapport de notre ministre secrétaire d'État de la marine et des colonies,

Nous avons ordonné et ordonnons ce qui suit :

ARTICLE PREMIER.

Les articles 141 et 143 de l'ordonnance royale du 31 août 1828, sur le mode de procéder devant les conseils privés des colonies, sont rectifiés ainsi qu'il suit :

« Art. 141. Dans les huit jours de ladite déclaration, l'expé-
« dition en sera remise à l'avocat de la partie, qui en donnera
« récépissé en marge du registre sur lequel cette déclaration aura
« été transcrite.

« Cette expédition sera signée du secrétaire archiviste, et tim-
« brée du sceau du conseil.

« Signification de ladite expédition sera faite, tant à l'avocat du
« défendeur au recours qu'à ce défendeur lui-même, dans les dé-
« lais et suivant les règles déterminés par l'article 12 ci-dessus
« pour la signification de l'arrêté de soit communiqué. Cette signi-
« fication vaudra sommation au défendeur au recours de consti-
« tuer avocat aux conseils du Roi, à l'effet de défendre, s'il y a
« lieu, devant le Conseil d'État.

« Art. 143. La requête en recours sera déposée, à peine de dé-
« chéance, au secrétariat du Conseil d'État, dans les formes ordi-
« naires et dans les délais suivants, qui courront du jour de la
« signification de la déclaration du recours dans la colonie, sa-
« voir :

« Si la signification de la déclaration de recours a été faite dans
« une des colonies de la Martinique, de la Guadeloupe et de la
« Guyane française, le délai pour déposer la requête en recours
« au Conseil d'État sera de quatre mois, à compter de ladite signi-
« fication.

« Si ladite signification a été faite dans la colonie de Bourbon,
« le délai pour déposer la requête en recours au Conseil d'État
« sera de huit mois, à compter de ladite signification.

« Dans tous les cas, une expédition ou une copie signifiée de
« la décision attaquée, une expédition de la déclaration de recours,
« et l'original de la signification de cette déclaration, seront joints
« à la requête en recours, à peine de nullité. »

ART. 2.

Notre ministre secrétaire d'État de la marine et des colonies est chargé de l'exécution de la présente ordonnance, qui sera insérée au Bulletin des lois.

Signé LOUIS-PHILIPPE.

Par le Roi :

Le Vice-Amiral,
Ministre Secrétaire d'État de la marine et des colonies,

Signé ROSAMEL.

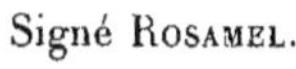

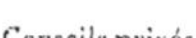

TABLE DES MATIÈRES.

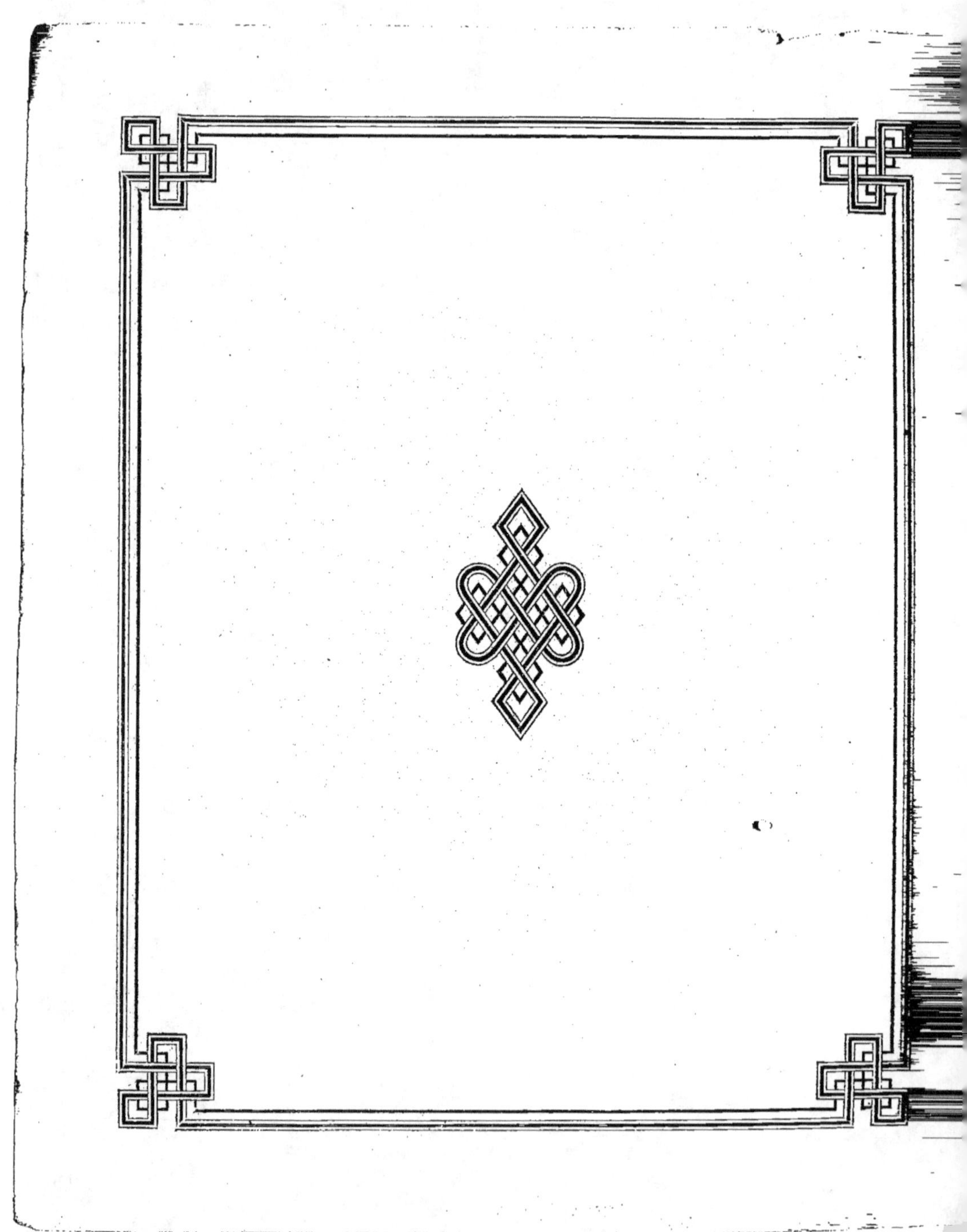